성공의 시간
A Time of Success

Copyright ⓒ 2025. 김경철
이 책은 한글문화사가 발행한 것으로
본사의 허락 없이 이 책의 일부 또는 전체를 복사하거나 무단전재하는 행위를 금지합니다.

A TIME OF SUCCESS
성공의 시간

김경철 지음

추천의 글

수십 년 동안 수많은 부자들을 지켜보며 한 가지 중요한 공통점을 발견했습니다. 진짜 부자는 '돈을 버는 법'보다 '돈을 대하는 태도'를 아는 사람들이었습니다.

김경철 지점장은 이 책에서 16권의 책과 그 속 인물들을 통해 돈을 벌고, 관리하고, 쓰는 태도에 대해 이야기합니다.

단순한 재테크가 아니라, '건강하고 지속 가능한 부의 자세'를 배우고 싶은 분들께 이 책을 권합니다.

진짜 부자의 길을 찾고 있는 당신에게, 이 책은 든든한 안내자가 되어줄 것입니다.

- 유튜브 구독자 180만명 스타강사 **김미경** -

아들! 세 번째 책 출간을 축하한다. 노력한 만큼 인생의 행복을 아는 것 같구나. 이제 멋진 인생을 나누면서 즐겨보자.
다시 한번 「성공의 시간」 책 출간을 축하한다.

- 아버지 **김철호** (前대전지방법원 33년 민·형사과 정년 근무) -

추천의 글

'모든 진리는 하나님의 진리이다'라는 말이 있다. 김경철 장로가 삶과 사업 현장에서 얻은 경험과 지식들을 글 읽기에서 얻은 통찰들과 종합하여 책을 내었다. 삶의 진리가 곳곳에 담겨 있다. 그 통찰들은 분명 하나님께 속한 진리로부터 온 것들일 것이다. 세 번째 책 출판 축하드립니다.

- 예뜰순복음교회 담임목사 **안영권** -

인문학적 통찰을 통해 성공에 대한 단상을 기록하며, 결국 성공을 가져오는 생각이 돈과 관련이 있다는 것을 보여주는 책입니다. 돈은 더 이상 목적이 아니라 삶의 더 나은 가치 창출을 위한 수단으로 생각할 때 성공의 시간을 경험할 수 있습니다.

- 건신대학원대학교 총장 **전용란** -

추천의 글

정해진 시간 속에 살아가는 사람들이 대부분이다. 그러나 자투리 시간을 잘 활용하는 사람이 성공으로 가는 지름길이다. 늘 바쁘게 움직이는 김경철 대표님의 성공도 그 가운데 반드시 비결이 있다. 늘 보기 좋았다. 「성공의 시간」 책 출판을 진심으로 축하드립니다.

- 피플비지니스 대표 **강은숙** -

돈 버는 방법 안내서인 김경철 작가의 세 번째 책 「성공의 시간」은 당신의 호기심을 끌어당길 것입니다. 최근 트렌드인 시간, 돈과 진정한 성공의 관계를 16개 인문고전을 통해 작가만의 예리한 감각으로 풀어냈기 때문입니다. 축하합니다.

- 이탈리아 로마 Foursquare 교회 선교사, 목사 **원대식**(폴리캅) -

마치 고전 속 영웅들이 현대 사회에서 환생하여 인문학적 통찰과 지혜를 바탕으로 돈과 성공에 대한 새로운 나침반이 되어 목적지를 향해 힘차게 나아갈 수 있도록 용기와 지혜를 불어넣어 줄 것입니다. 김경철 대표의 출간을 축하드리며 이 책이 많은 사람들에게 돈과 성공이라는 희망을 선물하고 성공적인 삶을 향한 여정의 동반자가 되기를 응원합니다.

- 참신렌트카 대전지점 대표 **허현석** -

추천의 글

'진정한 삶'은 언제나 여기 아닌 저 너머에 있었다.'라는 어느 작가의 말처럼, 하루 종일 업무에 바쁜 중에 다시 「성공의 시간」 책 작업을 마쳤다니 정말 저 너머의 진정한 삶을 실천하는 김경철 대표님, 아니 김경철 작가님의 책 출간을 축하드립니다. 「성공의 시간」을 읽는 분들이 새로운 성공의 시간으로 나아가길 기대합니다.

- 세종 예뜰순복음교회 목사 **박영철** -

김경철 작가님, 세 번째 신간 「성공의 시간」 출간을 진심으로 축하드립니다! 수많은 고전과 명저를 탐독하며 쌓아온 지혜가 이 책에 담겼을 것이라 생각하니 기대가 큽니다. 작가님의 통찰과 노력에 박수를 보내며, 「성공의 시간」이 많은 이들에게 영감을 주는 길잡이가 되길 바랍니다. 앞으로도 깊이 있는 메시지로 많은 이들에게 울림을 전해주시길 응원하겠습니다!

- 대전 대성여자중학교 교장 **이은열** -

추천의 글

우리에게 어려울 수 있는 경제 이야기를 알기 쉽게 새로운 관점으로 무엇보다 기도하면서 풀어쓴 책. 지금보다 더 나은 성공을 꿈꾸는 모든 분께 이 책을 권하고 싶다.

- 소망교도소 사회복귀과장 **신홍식** -

성공, 시간, 돈은 현대인이 끊임없이 씨름하는 주제입니다. 이 책은 16권의 인문 고전을 통해 그들 사이의 본질적 관계를 통찰력 있게 풀어내며, 진정한 성공이란 무엇인지 깊이 있게 성찰하도록 이끕니다. 저자의 치열한 사유와 삶의 경험이 어우러져, 이론과 현실을 잇는 생생한 메시지를 전합니다. 인문학과 실천을 연결하는 탁월한 안내서로, 많은 이들에게 일독을 권합니다.

- 건신대학원대학교 교수 **황승환** -

추천의 글

저자를 옆에서 지켜봐 온 사람으로 그의 순수함을 사랑합니다. 그가 저작을 통해 애정하는 16편의 인문 고전을 사람들에게 소개한다고 했을 때 그의 순수한 스펙트럼을 통해 새롭게 태어날 인문 고전은 또 어떤 빛깔을 띠게 될까 기대하게 됩니다. 순수한 영혼의 소유자 김경철 작가를 통해 새롭게 태어날 인문 고전을 한 사람의 독자로서 손꼽아 기다리겠습니다.

- 고객 **김재린** & **김윤혜** 부부 -

보험의 한계를 넘어 금융의 대표로 성장하신 김경철 대표님~
「성공의 시간」 출간을 축하드립니다. 그동안의 성실함과 열정을 보아 온 증인으로 존경의 박수를 올립니다!

- 세종특별자치시의회 의원 **안신일** -

추천의 글

16권의 인문고전이 전하는 메시지를 작가의 현대적 관점으로 재해석하여 누구나 부자가 될 수 있고, 나아가 성공하기 어려운 현대의 사회에 단순한 부를 넘어 진정한 성공의 길을 발견할 수 있는 길라잡이가 될 수 있는 책입니다. 누구나 꼭 한번 읽어보면 세상을 살아가는 인사이트를 얻을 수 있는 책입니다.

- 세이에셋 사업부 대표 **오영태** -

김경철 지점장을 22년 가까이 지켜보면서 성실과 정직함, 도전하는 모습에 늘 자극받고 있습니다. 「성공의 시간」은 저자가 살아오면서 실천하고 있는 것을 글로 표현한 것으로, 독자들에게 이 책을 강력히 추천합니다. 기부하는 것도 응원합니다.

- 대전 둔산제일감리교회 장로 **유인무** -

추천의 글

언젠가 한 성공한 유튜버가 교회를 다닌 지 얼마 안 되었을 때, "교회를 다니면서 무엇을 느꼈습니까?"라는 질문을 받았습니다. 그의 대답은 "내가 세상에서 배웠던 성공의 법칙이 교회 안에, 성경에 있었습니다."
김경철 작가는 그 비밀을 인문고전을 통해 풀어내고 있습니다.
세 번째 책 출간 축하드립니다.

- 행복한정형외과 원장 **송대화** -

꼭 목표하시는 데까지 성공하시기를 기도합니다.
세 번째 책 「성공의 시간」 책 출간과 기부하는 것 축하드립니다.

- 파워인력 **김광범** 대표, 꽃가마한복 **김정은** 대표 -

축하드립니다. 모든 면에 열심히 하는 모습 그대로 좋은 결실이 있기를 기도합니다. 책 출간과 기부를 축하드려요.

- 두리재가복지센터 대표 **한월교** -

추천의 글

"평생 꿈이 없는 사람은 평생 꿈이 있는 사람의 노예가 된다."
도전은 언제나 어렵지만 그 어려움 속에서 얻는 것들은 평색 기억에 남을 거예요. 계속 도전하세요. 김경철 대표님 파이팅입니다. 쭉~ 응원하는 의미에서 책 2권 주문합니다.

- 피부 천사 대표 **정옥화** -

돈. 피땀 흘려 번 돈이 값진 돈이다. 그 돈이 노후에 나를 자유롭게 하고 선택의 폭을 넓게 해준다. 노력하지 않은 데에 수입은 나를 파멸로 데리고 간다.

돈은 무게가 다 다르다. 「성공의 시간」 책 출간을 축하드립니다.

- 점진신협 이사장 **김윤섭** -

추천의 글

성공과 부는 특별한 사람들만의 전유물이 아닙니다. 누구나 올바른 철학과 전략을 실천한다면 원하는 삶을 이룰 수 있습니다.

「성공의 시간」은 그 원리를 명확하고 실천가능한 방법으로 풀어낸 책입니다. 이 책은 단순한 동기부여를 넘어, 부와 성공을 이루는 실질적인 전략과 마인드를 제공합니다. 시간을 다스리는 자가 인생을 다스린다는 메시지 아래, 누구나 부자가 될 수 있다는 길을 구체적으로 제시합니다.

당신이 지금 어떤 위치에 있든, 어떤 환경에 있든 상관없습니다. 이 책을 통해 성공의 부의 법칙을 깨닫고, 당신만의 성공 시간을 만들어 가줄 것을 확신합니다. 「성공의 시간」 강력히 추천합니다.

- 예뜰순복음교회 **박은규** 장로 -

성공을 향한 지혜가 담긴 책 출간을 축하드립니다! 많은 이들에게 용기와 영감을 주는 책이 되길 바랍니다. 이 책이 독자들의 삶을 변화시키는 계기가 되길 응원합니다.

귀한 가르침이 널리 퍼져 큰 성공으로 이어지길 바랍니다. 앞으로도 멋진 여정을 계속 이어가시길 기원합니다!

- 리치한방병원 실장 **강미선** -

추천의 글

김경철 대표 세 번째 저서 「성공의 시간」 출간을 진심으로 축하합니다. 현재 하고 있는 직업의 일이나 사회활동과 출간 등, 김 대표는 이미 성공의 시간에 와 있고 앞으로가 더욱 기대됩니다.

- 정우마트 대표, 카네기 28기 회장 **한승열** -

세 번째 출간을 축하드립니다. 저자와 지내온 15년의 긴 시간동안, 묵묵히 지켜본 지인으로서 저자의 성실함과 무한한 불굴의 도전정신, 그리고 때론 불도저처럼 강력히 밀어붙이는 파워, 인간관계의 바이블인 "데일 카네기 인간관계론"에 버금가는 사람임을 확신합니다. 다시 한번 책 출간과 기부활동을 축하드립니다.

- (주)삼덕케미컬 대표 **김병삼** -

추천의 글

인생에 있어서 성공, 시간, 돈은 떼려야 뗄 수 없는 관계입니다. 저자는 누구나 알기 쉽게 접근하여 글로 써줘서 딱딱한 내용일 수도 있는데 끝까지 재미있게 읽을 수 있습니다. 또한 기부까지 하신다고 하니 책을 구매했을 때 일거양득의 소득을 가지게 될 것입니다.

- 현대엔지니어링 기아대전 AS사업소장 **최상신** -

'한결 같다.' 지난 십여 년간 저자와 직장에서 함께 예배드리고 삶의 모습을 나누며 저자의 성실함과 놀라운 도전정신과 추진력에 감탄할 수밖에 없었습니다. 또한 늘 배우려고 하며 도전하는 저자의 삶의 모습은 저에게 큰 도전이 되었습니다. 바쁜 와중에도 끊임없이 독서를 통해 배우고 삶의 현장에서 적용하던 저자의 삶이 이 책에 고스란히 담겨 있어 저에게도 큰 도움이 되었고 많이 이들에게 삶의 좋은 길잡이가 될 것을 확신하며 추천합니다.

- 주를향한교회 목사 **박종현** -

추천의 글

「성공의 시간」 출간을 축하합니다.

김경철 대표를 23년을 옆에서 보고 있습니다. 부자를 소망하는 젊은 세대에게 필독서로 추천합니다.

- 보험법인 아이포스 대표 **손 정** -

현대해상 김경철 수석지점장님의 세 번째 책 출간을 축하드립니다. 작은 돈의 소중함을 깨닫고 이를 통해 큰 부를 이루는 과정은 누구나 꿈꾸지만 실천하기 어려운 일입니다. 이 책이 독자들에게 그 실천의 길을 열어주며, 복리의 힘으로 더 풍요로운 삶을 누릴 수 있도록 돕기를 진심으로 응원합니다.

- 아름다운 청년 사회복지사 **조우진** 고객 -

추천의 글

끊임없는 노력과 하루의 시간을 허투루 보내지않는 성실함을 지닌 당신의 멋진 삶을 응원하고 「성공의 시간」 발간을 진심으로 축하합니다.

- 현대해상 1억 연봉 부산 **심소희** 대표 -

김경철 대표님의 열심히 사는 모습을 보면서 많은 생각을 합니다. 상대방에 대한 배려심도 함께 배우고 있어요. 항상 응원하고 있어요.
세 번째 책 출간과 기부를 축하합니다.

- 현대해상 1억 연봉 광양 **김영숙** 대표 -

부자 만드는 셰프 김경철 작가님의 신메뉴! 이번에는 인문학 고전을 돈과 성공에 녹여내어 안 읽어 볼 수가 없네요. 한 장, 한 장 읽다 보니 책 표지처럼 생각만으로 벌써 부자가 되었습니다~ 덤으로 십여 편의 인문학 고전도 함께 하니 일독십서입니다

- 대전 사랑이야기 대표 **이영진** -

추천의 글

1,700명의 평범하고 다양한 고객과의 만남을 통해서 늘 배우는 자세로 대하며 16권의 인문고전을 통해서 돈, 행복, 시간을 잘 풀어서 탄생한 「성공의 시간」 세 번째 출간을 진심으로 축하합니다.

- 전 삼성화재보험 마케팅/Underwriter 20년 근속 아내 **김은희** -

책을 들어가며

인생을 살면서 가장 사람들이 찾는 것이 무엇일까? 필자는 복이라고 생각한다. 그러면 가장 오래된 책들에서 답을 찾는 것이 확률이 높다고 생각한다. 인간의 생사화복은 2천 년 전이나 지금이나 별반 차이가 없다고 생각한다. 그래서 우리보다 먼저 인생을 살아간 사람들의 이야기를 경청하는 것이 지금의 시대에서 복을 받고 행복하게 살아가는 현명한 방법의 하나라고 생각한다.

구약성경 시편은 복을 말해주고 있다. 시편 1편의 첫 구절이다. '복 있는 사람은 악인들의 꾀를 따르지 아니하며'라 말하고 있다. 필자는 사실 충격이었다. 꾀라는 단어는 일을 잘 꾸며내거나 해결해내거나 하는, 묘한 생각이나 수단 즉, 꾀가 많은 사람이다. 현명한 사람이라는 뜻이기도 하다. 꾀는 좋은 것이지만 악한 사람과 만나면 복과 멀어진다는 뜻이기도 하다. 그래서 필자는 좋은 사람을 만나는 것이 복이라고 정의하고 싶다. 악인의 꾀는 결국 나를 나쁜 곳으로 복과 멀어지는 곳으로 인도하기 때문이다. 그래서 눈에 보이는 것을 따라가면 망하게 되어 있다. 필자는 돈을 버는 것이 참 좋다. 현재는 보험회사 지점장을 23년째 하고 있다. 처음에는 보험, 금융이 어려웠다. 그러나 자꾸 연습하고 상담하면서 고객의 마음을 조금씩 읽게 되었고 점차 인정받는 현대해상 지점장이 되었다.

10년 전, 필자가 골프를 한참 배울 때 대기업 회장님이 외국에서 유명한 선수를 초대해서 원포인트 레슨을 받는 것을 보았다. 비행기, 숙박, 레슨비가 상당했을 텐데도 대기업 회장님은 원포인트 레슨을 받았다. '헤드업을 하지 말라'. 이것은 골프를 조금 친다고 하면 모든 강사가 이구동성 하는 말이다. 그런데 헤드업하지 말라는 말을 듣기 위해서 회장님이 이 많은 비용을 지불했나 싶어 놀랐다. 그러나 더 놀라운 것은 회장님의 반응이었다. 그는 레슨 덕에 자신의 문제점을 깨닫고 더욱 기쁘게 골프를 쳤다고 한다. 말 그대로 원포인트 레슨이 된 것이다. 그러나 필자가 볼 때는 여전히 그 비용이 너무 아까웠다. 어째서 이런 생각이 드는지 고민해본 결과, 그 이유를 깨닫게 되었다. 레슨을 위해 비싼 비용을 지불한 회장님과 달리 필자는 소비한 것이 없기 때문이었다. 인생은 아는 것이 답이 아니다. 알고 있는 것을 실천할 때 결국 가치가 나타나고 삶의 열매가 달라진다는 것을 그때 알게 되었다. 머리에만 있던 것이 나의 심장(heart)까지 전달되어야 비로소 알게 되는 것이다.

필자는 윤동주의 서시를 좋아한다.

-

죽는 날까지 하늘을 우러러
한 점 부끄럼이 없기를
잎새에 이는 바람에도
나는 괴로워했다.
별을 노래하는 마음으로
모든 죽어 가는 것을 사랑해야지
그리고 나한테 주어진 길을
걸어가야겠다.
오늘 밤에도 별이 바람에 스치운다.

-

윤동주는 일제강점기의 시인이면서 독립운동가이다. 그는 향년 27세에 일본 형무소에서 사망했다. 그러나 지금도 많은 사람들은 그가 글로써 나라를 지키고 투쟁했다는 사실에 놀라고 감동을 받는다. '펜이 칼보다 강하다.'라는 말은 1839년 영국 작가 에드워드 불워-리튼이 그의 희곡에서 처음 사용했던 말이기도 하다. 이것을 행동으로 옮긴 사람이 윤동주 시인이다. '모든 죽어 가는 것을 사랑해야지.'하는 마음은 모든 종교를 초월하고 전쟁을 포용하고 모든 것을 이기게 한다.

 책이 나오기까지 사랑하는 아내 김은희, 서울에서 공부하고 매주 내려오는 사랑이, 애교가 많은 소망이, 작년에 셋째가 된 인절미(리트리버) 2살, 우리 가족 모두에게 감사와 기쁨을 전한다.

 필자의 세 번째 책인 「**성공의 시간**」을 통해서 지금 이 시간이 바로 성공의 시간임을 깨닫고 나를 넘어서 남을 이롭게 하는 곳까지 성장하길 간절히 바란다.

2025. 2. 20

김 경 철 작가

추천의 글　　　　　4
책을 들어가며　　　33

Chapter	성공의 시간	Page
1	바다에선 누구도 패배자가 없다. 「노인과 바다」 - 어니스트 헤밍웨이	39
2	생각만으로도 돈을 벌 수 있다. 「논어」 - 공자	47
3	누구든지 부자가 될 수 있다. 「성공철학」 - 나폴레온 힐	59
4	악인이 세상에서 돈 버는 방법 「명심보감」 - 추적	69
5	돈은 생각보다 많이 벌 수가 있다. 「결코 배부르게 먹지 말 것」 - 미즈노 남보쿠	87
6	올해 한 해 창대하게 돈을 벌 수 있다. 「주역」	99
7	무식하고 어리석은 자들만 행복한 세상 「우신예찬」 - 에라스뮈스	113
8	소수의 의견을 통해서 돈을 버는 방법 「자유론」 - 존 스튜어트 밀	125

Chapter	A Time of Success	Page
9	전쟁터에서도 돈 버는 방법 「명상록」 - 마르쿠스 아우렐리우스	139
10	사막에서 돈 버는 방법 「유토피아」 - 토머스 모어	175
11	나를 비우고 돈을 버는 방법 「도덕경」 - 노자	189
12	지옥에서 돈 버는 방법 「신곡」 - 단테 알리기에리	219
13	나는 1조의 가치가 있다. 「자기 신뢰」 - 랠프 월도 에머슨	229
14	행복해지고 돈 버는 방법 「어린 왕자」 - 앙투안 드 생텍쥐페리	241
15	계약서를 잘 쓰고 돈 버는 방법 「베니스의 상인」 - 윌리엄 셰익스피어	257
16	독재가가 돈 버는 방법 「군주론」 - 니콜로 마키아벨리	267

**1.
바다에선
누구도
패배자가 없다.**

「노인과 바다」 - 어니스트 헤밍웨이

1.
바다에선
누구도
패배자가 없다.

「노인과 바다」 - 어니스트 헤밍웨이

「노인과 바다」는 인간의 불굴의 의지를 보여주는 소설이다.

"인간은 패배하도록 창조된 것이 아니다. 파괴될 수는 있어도 절대 패배할 수 없다." - 노인과 바다, 11page

　인간의 노력과 열정을 말한 멋진 말이다. 「노인과 바다」에 나오는 산티아고의 모습은 멋있을 것 같다. 그러나 산티아고가 우리처럼 평범한 가장이라고 생각한다면 끔찍하다. 책의 첫 부분엔 '84일 동안 아무 고기를 잡지 못해도 낙심하지 않는다.'라는 말이 나온다. 그러면 현실적으로 남아있는 자녀와 가족들은 어떻게 살 것인가? 정말 책임감 없는 가장이라고 말할 수 있다. 필자는 「노인과 바다」의 첫 페이지에서 84일 동안 아무것도 잡지 못했다는 말에 충격을 받았다. 남들이 볼 때는 소명이 있고 비전이 있지만 남은 가족들에게는 너무나 잔인한 삶의 태도이다.

산티아고의 말 중에 "나의 대어는 분명 어딘가에 있다"라는 말도 너무 재미있다. 자기 암시적 입장에서 보면 멋진 말이다. 보통 이루고 싶은 것을 하루에 100번 정도 말하고 글로 쓰면 된다고 자기계발자들이 말한다. 필자도 사실 이루고 싶은 것을 매일 말하고 글로 적고 있다. 그러나 삶의 실천과 노력이 전제되었을 때 가능한 것이다. 그렇지 않으면 하루에 100번 쓰기만 성공하고 이루고자 하는 절실한 꿈은 이루지 못한 것이다. 대상 없이 허공에 주먹질만 한 것이다.

"그의 모든 것이 늙었으나, 눈동자는 예외였다. 바다와 같은 색을 지닌, 생기가 넘치는 무적의 눈동자였다." – 노인과 바다, 22page

이런 산티아고의 모습은 너무나 감동적이다. 사람들은 눈을 보면 그 사람이 거짓말을 하는지 안 하는지 안다고 한다. 그러나 정말 사기꾼의 고수는 속일 수 있다. 조심해야 한다. 거짓말탐지기에 잡히지 않는 사람도 있다. 007 영화에서 가끔씩 등장하는 인물이기도 하다.

필자는 산티아고가 84일에 포기하지 않고 다음 날 더욱 먼바다로 나간다는 것이 놀랍다. 85일째, 산티아고는 먼바다를 나간다. 그리고 대어를 잡는다. 그 장면에서 내가 그곳에 있는 것처럼 신이 났다. 물고기의 길이는 18피트(5.5m), 무게는 1,500파운드(700kg)가 나간다. 물고기의 이름은 청새치이다.

청새치

산티아고는 하루 동안 줄을 잡고 사투를 한다. 둘째 날도 마찬가지로 물고기와 대화하고 기도하면서 잡은 줄을 놓지 않는다. 내가 고기를 잡는 것인지 고기가 나를 잡는 것인지 구분이 되지 않는다. 산티아고는 천주교 신자이다. 주기도문을 암송하면서 자기의 잘못을 회개하고 말을 한다. 정말로 씨름 선수들이 사투하면서 경기를 하듯이 말이다. 셋째 날, 드디어 물고기의 옆구리에 작살을 들이박는다. 청새치는 아름다운 몸통을 보이며 바다 밑으로 가라앉는다. 그러나 바로 물 위로 떠오른다. 사방이 피바다가 된다. 산티아고는 3일 동안의 전쟁을 마치고 청새치를 배에 묶은 뒤 자기의 고향으로 돌아가려고 한다. 신기하게도 바람도 도와준다. 이제부터 꿈이 이루어진 것이다. 필자가 첫 번째 책 「돈을 끌어당기는 유대인의 돈 공부」를 집필하고 '이제 모든 것을 이루었다. 끝났다.'고 생각했다. 그러나 그때부터 출판사를 찾아야 하고 마케팅을 해야 하는 등 할 일이 태산처럼 남아있는 것을 몰랐다.

산티아고도 꿈에 그리던 대어를 잡았지만 고향까지 가려면 수많은 상어떼와 싸워야 한다는 사실을 간과했다. 청새치가 피를 많이 흘렸기 때문이다. 피를 흘리지 않고 어떻게 청새치를 잡을 수 있겠는가! 마치 우리의 인생과 비슷하다. 수능시험만 보면 세상을 얻을 것 같지만 대학을 가면 다시 시작이다. 졸업을 해서 취업을 해도 사회라는 정글에서 직원부터 대리, 과장, 팀장, 부장까지 승진한다는 것은 만만한 일이 아니다. 산티아고가 고향으로 돌아가는 동안 상어떼의 공격을 6번 정도 받는다. 청새치를 잡을 때보다 더욱 힘겹게 싸운다. 그래서 인생이 재미있고 어려운 것이다.

구약성경에서 모세가 애굽 군대에게 쫓기던 중 홍해를 맞닥뜨렸던 사면초가의 상황과도 비슷하다. 그럴 때 어떻게 하느냐를 보면 그 사람의 인생을 알 수 있기도 하다. 그 자리에서 포기할 것인지, 아니면 온 힘을 다해서 산티아고처럼 승산이 없는 싸움을 이어갈 것인지 자신에게 물어봐야 한다.

이것이 인생이기도 하다. 방망이로 상어떼의 공격을 막아보지만 어림없다. 상어들은 청새치의 살점을 마구잡이로 뜯어간다. 상어떼의 공격을 보면서 떠오른 게 있다. 나의 손실된 주식, 코인, 부동산이 생각났다. 요즘엔 늘 들고 다니는 핸드폰을 통해서 미국 주식, 비트코인, 금 매입까지 안 되는 것이 없다. 그러나 신기할 정도로 돈을 모으기가 너무 어렵다. 나를 위해서 돈을 벌게 해준다는 많은 사람들은 수수료 명분으로 원금에서 야금야금 뜯어간다. 마치 상어떼의 공격 같다. 나의 돈을 갖고 가는 것을 막지도 못하고 눈 뜨고 바라볼 수밖에 없는 것이다. 산티아고도 눈을 뜨고 상어떼의 공격을 볼 수밖에는 없었을 것이다.

  결국 산티아고의 배가 고향으로 들어왔을 때는 청새치의 살점은 모두 뜯겨나가 앙상한 뼈만 남아버렸다. 산티아고의 노, 작살, 모든 도구들은 상어떼와 싸우는 과정에서 모두 손실되고 분실된다. 산티아고는 지친 몸으로 자신의 오두막으로 들어가서 물 한잔을 마시고 침대에 누워 깊은 잠에 들고 사자 꿈을 꾼다. 다음 날, 마을에서 소년은 청새치의 뼈와 머리만 남은 산티아고의 배를 알아본다. 소년이 산티아고를 보며 펑펑 우는 장면으로 소설은 마친다.

  실제로 헤밍웨이는 낚시광이었다고 한다. 그의 글을 읽노라면 실제로 내가 낚시를 하고 있다고 착각할 정도로 팔, 다리에 힘이 들어가고 알이 배긴다. 필자는 감정이입을 잘하는 타입이다. 그래서 「노인과 바다」를 읽을 때, 정말로 다리와 팔에 알이 배겨서 며칠 동안 힘들었다.

필자는 「노인과 바다」를 통해서 인간의 무한한 잠재력에 놀라게 되었다. 그리고 어딘가에 있는 대어를 찾기 위해서 산티아고가 3일 밤낮을 집중한 것처럼 나의 노력과 집중이 필요함을 다시금 깨닫는다. 또한 대자연 앞에 겸손하고 숙연한 마음이 들게 하는 명장면들이다.

투자를 할 때도 이익보다는 손실을 안 나게 하는 것이 고수다. 많이 벌 생각을 하지만 반대로 많이 손실될 수 있다는 것을 명심해야 한다. 손실에 집중하는 사람이 고수이다. 많은 투자가들이 말하는 것은 '잃지 않는 게임'을 하는 것이다. 개미는 아홉 번을 이겨도 한 번을 지면 시드머니의 50%가 소멸될 수 있다. 항상 욕심을 버리고 버려야 한다. 그래야만 큰 파도가 칠 때 유유히 빠져나올 수 있는 것이다. 기억해라.

> 만물은 변화다.
> 우리의 삶이란 우리의 생각이 변화를 만드는 과정이다.
> - 마르쿠스 아우렐리우스 안토니우스 -

**2.
생각만으로도
돈을 벌 수 있다.**

「논어」 - 공자

2.
생각만으로도
돈을 벌 수 있다.

「논어」 - 공자

필자가 「논어」를 처음 접한 것은 이지성 작가로부터였다. 「논어」를 통해서 빈민가의 어린이들을 돕고 가르친다는 내용을 접하며 논어를 본격적으로 읽고 암송하고 마음에 새기는 시간을 가졌다. 이상하게 논어를 읽으면 마음이 차분해지고 어지러운 생각들이 정리된다. 마치 비 온 뒤 흙탕물이 시간이 지나면 맑은 물이 되는 것처럼 말이다.

공자는 기원전 551년, 노나라 창평향 추읍(지금의 산동성 곡부 지역)에서 태어났다. 그는 아버지를 일찍 여의고 어머니의 품에서 성장했다. 지금 시대에도 아버지가 없는 가정이 얼마나 팍팍한지 생각해보면, 공자의 어린 시절이 얼마나 어려웠을지 유추할 수 있다. 2,500년 전이면 정말 지금보다도 안 좋은 상황이었을 것이다. 공자는 인과 예를 통해서 불안한 질서를 주나라 문화와 제도의 회복을 통해 안정시키고자 했으나 그의 꿈은 이루어지지 못했고 기원전 479년, 73세의 나이로 생을 마감했다. 그러나 그의 메시지는 수많은 세월 동안 무수한 사람들에게 영향력을 발하고 있다.

우리나라에서도 「논어」는 고려시대 이래로 교육의 기본서로 활용되었다. 논어의 해설도 전근(1352-1409), 이황(1501-1570), 이이(1536-1584), 이익(1681-1763), 정약용(1762-1836) 등 뛰어난 학자들이 논어를 통해서 영향력을 행사하였다.

「논어」의 학이편을 보면,

"배우고 때때로 그것을 익히면 또한 기쁘지 않은가? 벗이 먼 곳에서 찾아오면 또한 즐겁지 않은가? 남이 알아주지 않아도 성내지 않는다면 또한 군자답지 않은가?" - 논어, 12page

이것을 통해서 학문을 배우는 것이 얼마나 멋진 것인지를 확인하고 군자의 정의를 내릴 수 있게 해주었다. 그래서 필자는 최근에 학문의 즐거움을 깨닫고 건신대학원대학교를 진학해서 목회상담학과를 졸업하게 되었다. 살아가는 것 자체가 매일 상담이고 미팅이다.

필자가 보험을 매일 상담하는 일상을 살아온 것이 23년째이다. 하루하루가 상담이라는 것이 필자는 신이 난다. 상담을 통해서 고객의 어려움을 해결해주고 보험 상품을 소개하고 고객들에게 도움을 드리는 것이 즐겁다. 건신대학원대학교의 상담학은 필자에게 상담의 중요성과 자세를 더욱 견고하게 알려주고 훈련받은 곳이다.

공자께서 말씀하였다.

"군자란 말보다 앞서 행동을 하고, 그다음에 그에 따라 말을 한다."
- 논어, 57page

 2,500년 전에도 행동보다는 말만 하는 정치인, 사업가가 많았던 것 같다. 시대는 바뀌어도 사람의 본성은 잘 변하지 않는 것임을 알게 된다. 그래서 인문학을 읽어야 한다. 학문이 깊어지고 시간이 지날수록 '입은 닫고 지갑을 열어라'라는 명언이 생각난다. 나이가 들수록 입으로 하는 것은 적게 하고 지갑(돈)을 풀어서 주변 사람들을 즐겁게 해주라는 말이다. 정말 맞는 말이다. 이것을 반대로 하면 정말 재미있는 결과가 나온다. 말은 많이 하고 지갑을 닫으면 주변에 사람들이 점점 떠날 수밖에 없다. 외톨이가 된다.
 공자가 말씀하셨다.

"배우기만 하고 생각하지 않으면 막연하여 얻는 것이 없고 생각만 하고 배우지 않으면 인생이 위태로워진다." - 논어, 89page

 필자는 이 말씀을 통해서 돈을 많이 벌게 되었다.
 대표적인 것이 카네기 수업이다. 2014년쯤 카네기 수업에 250만 원을 내고 12주 동안 수강하게 되었다. 그 당시 250만 원은 지금 돈으로 500만 원 정도 하는 가치가 있다. 그럼에도 논어를 통해서 배우기를 힘썼고 그때 지금의 우수고객분들을 만나게 되었다.

장윤일 대표(동심), 한승열 대표(정우마트), 강일환 대표(크라이슬러 대전지점대표), 김병삼 대표(엄지인력) 등 좋은 분들을 많이 만나게 되었고 현대해상 김경철 지점장을 힘써 도와주셨다. 돈을 벌려고 카네기 수업을 받은 것은 아니다. 그러나 대전 카네기 25기를 통해서 알게 되고 얻게 된 무형, 유형의 재산은 엄청나게 많다.

이것이 논어의 힘이고 열매인 것 같다. 좋은 사람을 만난다는 것으로부터 엄청난 영향력을 갖게 되는 것이다. 돈은 그냥 벌리는 것이 절대 아니다. 어떤 일을 하든지 나의 주변 사람들이 벌어주는 것임을 꼭 기억해야 한다.

"군자는 의리에 밝고 소인은 이익에 밝다." - 논어, 112page

이 말씀을 처음에 듣고 '나는 소인이구나'라는 생각이 번뜩 들었다. 그래서 반성을 많이 했고 남의 이득을 조금씩 챙겨주기 시작했다.

관련 일화를 소개한다.

　자동차를 10년 이상 타면 15년쯤 돼서 폐차한다. 1,600cc 기준으로 대략 40-50만 원 정도 폐차장에서 챙겨준다. 대부분 새 차를 사기 때문에 폐차되는 가격으로는 그리 흥정을 못 한다. 그래서 필자는 좋은 폐차장을 여러 곳 찾았고, 지금은 일반인이 가서 흥정하는 것보다 20만 원 이상 쳐주는 폐차장을 찾았다. 자동차를 폐차하면서 고객분들에게 10만 원, 20만 원을 조금 더 챙겨드리면 너무 좋아하신다. 그래서 논어의 리인편에 나오는 구절은 필자에게 은인 같은 존재이다. 그러면 다음번 자동차보험, 건강보험, 암보험, 저축보험, 실비보험 등에 가입할 경우 현대해상 김경철 지점장을 찾아준다. 남을 도왔지만 결과적으로는 필자에게도 큰 이익으로 돌아오는 것을 보면서 '이것이 공자가 이야기 한 것이구나.'하고 무릎을 친 적이 한두 번이 아니다. 그래서 필자는 인문학이 좋다. 앞으로도 계속 읽고 묵상하고 실천할 것이다.

　리인편, 공자께서 말씀하셨다. "군자는 말에 대해서는 모자라는 듯이 하고, 행동에 대해서는 민첩하려고 한다."
　세상을 살면서 나에게 영향을 주고 도움을 주는 사람 중 말을 잘하는 사람이 많지가 않다. 말을 잘하는 사람은 대부분 큰집(감옥)을 가는 경우가 많다. 사기죄, 모욕죄, 업무방해죄, 명예훼손죄... 걸리는 것이 너무나 많다. 나이가 들고 직분을 받을수록 말을 적게 하는 것이 신상에 좋다. 말을 많이 해서 득을 보는 경우는 정말 드물다. 사람들 앞에서 말하는 전문 강사, 교수님, 선생님, 목사님, 스님들은 예외이지만, 이분들처럼 영향력이 있고 빛이 나려면 말을 줄이고 행동을 많이 해야 한다는 건 자명한 사실이다.

필자도 이제 50세다. 반백 살이다. 논어에서 50세를 '지천명'이라고 한다. 지천명은 '하늘의 뜻을 안다'라는 뜻으로, 사람이 자신의 운명과 소명을 깨닫는 것을 의미한다. 즉, 우주 만물을 지배하는 하늘의 명령이나 원리, 객관적이고 보편적인 가치를 가리키는 유교의 정치사상인 것이다.

필자와 비슷한 나이에 돈 사기를 당한 지인이 있다. 하늘의 뜻을 알고 나의 소명을 완수해야 하는 나이에 엉뚱하게 돈 사기를 맞는 것은 정말 안타까운 일이다. 지천명의 나이에도 정신을 바짝 차리고 살아가지 않으면 사기꾼의 달콤한 미끼를 물을 수밖에 없다. 사기꾼의 말은 왜 그리 논리적이고 설득력이 있는지 모르겠다. 진리는 단순하고 무기력하게 보이는 시대의 풍조이기도 한 것 같다.

「논어」에서 공자가 칭찬한 인물이 있다. '안회'이다. "안회라는 사람이 배우기를 좋아하고, 노여움을 남에게 옮기지 않고, 같은 잘못을 두 번 저지르지 않았는데, 불행히도 단명하여 죽었습니다. 이제는 그런 사람이 없으니 그 후로는 아직 안회처럼 배우기를 좋아한다는 사람에 대해 들어보지 못했습니다."라고 공자가 극찬을 한 사람이다. 지금 가만히 생각해보면 좋은 사람도 나쁜 사람도 영원히 나의 주변에 있지는 못한다. 그리고 좋은 일도 나쁜 일도 짧으면 3개월, 길면 3년 전후로 많이 정리되는 것 같다. 그래서 배우고 읽히고 생각하고 실천하는 것엔 정말 힘을 다해서 집중하고 사투해야 한다.

"군자는 잘못을 자신에게 찾고, 소인은 남에게서 찾는다고 한다."
- 논어, 135page

필자도 문제에 부딪히면 '상대방이 왜 그리 까칠할까?' 투덜댄다. 왜 경기가 안 좋을까, 금리는 왜 높을까를 불평한다. 그러나 성공한 사업가들은 은행 금리를 탓하지 않는다. 경기가 어려운 것을 불평하지 않는다. 요즘 믿을 수 있는 사람이 없다고 한탄하지 않는다. 주변 상황은 변한 것이 없는데 그들은 어려운 문제들을 하나씩 해결하고 자금을 끌어오고 아이디어도 찾아낸다. 나의 주변에서도 카네기, 고려대학교 CEO 과정, 건신대 모임, 현대해상 명장 모임, 현대해상 MBA 5기 모임 등 문제를 불평 없이 해내는 사람들이 있다. 모든 문제를 반드시 해결해내는 사람들이다.

돈을 버는 것도 마찬가지다. 필자는 현대해상 보험 일을 통해서 10년 만에 1억 연봉을 받았다. 이런 결과는 인문학과 배움을 놓지 않고 노력한 결과이기도 하다.(자화자찬) 그래서 어려울수록 좋은 교육을 받아야 하고 힘들수록 좋은 만남을 통해서 지금의 장애물과 어려움을 극복할 수가 있다. 이것을 모든 사람이 공감하지만 빡빡한 현실 속에서 나를 위해서 목돈을 드리고 투자하고 교육을 받는 것은 염치없는 일인 듯하지만 전혀 그렇지 않다. 찾아보면 무료 강의 중에서도 제법 좋은 게 많다. 한 걸음씩 나의 입지를 넓혀 나가는 것이 중요하다. 용기를 내서 학문의 즐거움에 빠져보시길 바란다. 그리고 돈을 버는 방법도 고민하시길 간절히 원한다. '궁하면 통한다'는 속담을 잊지 말아야 한다. 그래서 잠자기 5분 전이 중요하다. 유튜브를 보고 양치질하고 잘 것인가? 아니면 5분이라도 이번 달 베스트셀러나 인문고전을 읽을 것인가를 고민하고 실천해야 3년, 5년 뒤의 나의 모습이 변할 수 있다. 나의 재산도 변할 수 있고 나의 인맥도 좋아질 수 있다는 것이다.

"지혜로운 사람은 물을 좋아하고 어진 사람은 산을 좋아하며, 지혜로운 사람은 동적이고 어진 사람은 정적이며, 지혜로운 사람은 즐겁게 살고 어진 사람은 장수한다." - 논어, 139page

다시 말하면 지혜로운 사람은 즐겁게 살고 어진 사람은 장수한다는 이야기이다. 필자는 물과 산의 중간을 좋아한다. 물은 바람이 불면 파도가 너무 높고, 산이 깊으면 길을 잃기가 쉽기 때문에 물도 조금 있고 나무도 좀 있는 조경을 좋아한다. 다시 말해서 카페에서 책을 읽고 쉬는 것을 좋아한다는 것이다. 미국에서 성공한 체인점 부자가 인터뷰에서 "당신은 언제부터 성공했나요?"라는 질문을 받았다. 사업가는 "공원 벤치에서 누워서 생각할 때부터 성공했습니다."라고 답변했다. 우리가 기대한 대답은 체인점이 최소 10개 정도 생길 때부터라는 등의 대답이었다. 그러나 사업가는 자기의 성공은 아무엇도 하지 않는 공원 벤치에서 생각할 때부터라는, 예상치 못한 답변을 한 것이다. 내가 할 수 있다고 생각하는 순간부터 그 미션을 성공한 것이다. 미래의 4차원에서 일어난 일을 현실로 끌어당기는 힘과 같은 것이다. 그래서 돈을 버는 것도 작은 아이디어 생각으로 남을 이롭게 할 때 미래의 4차원에 심는 것과 비슷한 것이다. 그러므로 생각만으로도 돈은 반드시 벌리게 되어 있다.

"인간의 위대함은 생각하는 능력이다." - 블레즈 파스칼

필자는 파스칼을 좋아한다. 블레즈 파스칼은 1623년 6월 19일, 프랑스 클레르몽페랑에서 태어났다. 그의 아버지 에티엔 파스칼은 법률가이자 학자로, 아들의 교육을 직접 담당하며 체계적인 학문적인 훈련을 시켰다. 파스칼은 어릴 때부터 비범한 수학적 재능을 보였고 12세 때 독학으로 기하학을 공부하고 깨달았다. 비록 39세라는 젊은 나이에 생을 마감했으나 그의 사상과 업적은 지금도 현대 과학과 철학, 신학에 깊은 영향을 미치고 있다. 그래서 필자도 '인간의 위대함은 생각하는 능력이다.'라는 말을 늘 읊조린다.

이렇게 사람의 생각은 창의적이다. 생각하는 것만큼 위대한 것은 없다. '나는 오늘 100억을 벌 수 있다'는 생각을 해라. 그리고 어떻게 돈을 벌 수 있을지 나 자신에게 물어보라. 그러면 반드시 아이디어가 나올 것이다. 우리의 창조적인 뇌는 질문을 받으면 답을 찾으려는 습성이 있다. 좋은 질문을 해라 그러면 좋은 결과를 얻을 수 있다.

나 자신에게 자주 질문을 던져야 돈이 벌리게 되어 있다. 열심히 땀을 흘리는 것은 맞는 말이다. 내가 하는 일을 통해서 더욱 돈을 잘 버는 방법이 무엇일까 생각을 해야 한다. 필자는 보험업계에서 1등 하는 사람의 라이프스타일을 유심히 보았다. 지금 나랑 무엇이 다른가를 자꾸 생각했고 물어본 결과 그 사람과 비슷한 위치까지 올라오게 된 것이다. 이것이 생각만으로 돈을 벌 수 있는 방법이기도 하다.

> 앎이란 행동의 시작이고, 행동이란 앎의 완성이다.
> - 왕수인 -

3.
누구든지
부자가 될 수 있다.

「성공철학」- 나폴레온 힐

3. 누구든지 부자가 될 수 있다.

「성공철학」- 나폴레온 힐

 필자는 나폴레온 힐의 책은 거의 다 읽었다. 「놓치고 싶지 않은 나의 꿈 나의 인생」은 국내에서 220만 부 판매됐고, 「생각하라! 그러면 부자가 되리라(Think and Grow Rich)」는 50만 부 정도 판매됐다. 지금 소개하는 「성공철학」과 상당히 겹치는 부분이 있지만 내용이 간단하고 힘이 있다. 작가라면 죽기 전에 베스트셀러를 꼭 한번 쓰고 싶은 마음이 있다.

 도입 부분도 재미있다 성공한 앤드류 카네기가 무명의 기자 나폴레온 힐에게 제안을 한다. "20년 동안 성공과 실패의 원인을 연구할 수 있겠소? 아무런 보수도 받지 않고 말이오." 힐은 바로 "네. 하겠습니다." 답을 했다. 나폴레온 힐은 20년 뒤에 어떻게 되었을까? 그 노력의 대가로 어떤 보상을 받았을까?

당장의 눈앞의 이익을 보는 사람들이 5년 뒤, 10년 뒤의 꿈을 선택할 확률은 높지가 않다. 그러나 나폴레온 힐은 선택했다. 그 막연한 꿈을 선택한 것이다. 그 결과, 성공철학에 대한 강연, 강의를 통해서 지극히 평범한 사람도 성공의 길로 인도하는 성공학의 거장이 되었고 7,000만 부 판매를 기록한 「생각하라! 그러면 부자가 되리라」라는 명작을 출판하고 상상할 수 없는 백만장자의 반열에 우뚝 올라서게 되었다. 사람에게 세 번의 행운과 기회가 온다고 했는데 나폴레온 힐은 번개처럼 그 기회를 잡아채고 성공한 사업가와 부자가 되었다.

필자가 나폴레온 힐을 좋아하는 이유는 '누구나 부자가 될 수 있다'는 메시지에 꽂혔기 때문이다. 누구나 성공할 수 있다는 말에 가슴이 떨리고 심장이 콩닥콩닥했다. 내가 학력이 짧아도, 스펙이 그저 그렇고, 부모님이 부자가 아니어도, 좋은 인간관계가 부족해도 누구나 부자가 될 수 있다는 복음과 같은 메시지에 나의 마음이 꽂힌 것이다.

'개천에서 용 난다'라는 속담이 있다. 노력만 하면 출세해서 부와 명예를 얻을 수 있다는 말이다. 그러나 지금은 거의 불가능하다고 생각한다. 노력하면 먹고사는 것은 문제가 없다. 부지런한 사람에게 약간의 행운과 돈이 따라온다. 그러나 10대 재벌 안에 든다든지 IT 쪽에서 네이버나 쿠팡을 지금 만들기는 어렵다. 그래도 밥을 먹고살 수 있고 누군가도 양의 문제이지 얼마든지 도울 수 있다는 사실은 맞다.

"성공철학 1원칙은 대가를 바라지 말고 다른 사람을 도우라."
– 성공원칙, 15page

자본주의 세상을 살아가면서 일한 대가를 바라지 말고 최선을 다하라는 것은 언뜻 보면 멍청해 보인다. 지금 세대는 이익에 밝은 사람을 현명하다 말하고, 이런 사회현상은 많은 미디어를 통해서도 나타나고 있다. 그러나 보이는 현상의 저 너머를 조금만 볼 수 있다면 전혀 그렇지 않다. 나의 주변에서 성공한 사람들을 생각해보라. 찾아보라. 그 사람들이 정말 본인의 이익만 좇는 사람인지 아니면 남을 위해서 작은 것이라도 조언을 해주고 도와주는 사람인지를 유심히 보라는 것이다. 그 작은 삶의 태도가 그 사람을 결정한다. 그것을 통해서 그 사람이 정말 대가를 바라지 않고 남을 돕는 사람이면 당신에게는 대단한 축복이다. 필자에게도 그런 사람이 있다. 행운이다.

많은 인문고전의 책들의 공통점이 선을 행하는 것이고 남을 돕는 것이다. 왜냐면 하늘이 있기 때문이다. 죽음 이후에 아무것도 없다는 사람도 있지만 조금만 생각해보면 아무것도 없을 확률이 높지가 않다. 죽음 이후에는 심판이 있다는 것을 책과 자료를 조금만 수집해보면 알 수 있다. 3,500년 전의 이집트 파라오 미라에 그려진 그림을 보면 당시 사람들이 내세를 믿고, 죽어서 심판을 받는다는 것을 믿었다는 사실을 알 수 있다. 지금도 피라미드를 쌓은 방법에 대해 다양한 이론이 있지만, 많은 부분에서 속속 밝혀지고 있다고 한다. 3,500년 전의 사람들도 죽어서 가야 할 곳이 있음을 말하고 있다는 반증이기도 하다. 필자는 기독인이라서 하나님께서 계신다고 확신한다. 기독교가 아니라면 신이 있다는 것은 대다수 사람들이 인정하기 어렵다. 그러나 성공한 많은 사람들이 장학금, 물건, 현금, 주식의 배당,

기부 등 여러 방법으로 대가 없이 남을 돕고 있다는 사실을 어렵지 않게 찾을 수 있다. 부자들은 하늘이 있다는 것을 직·간접적으로 알고 깨달았다는 반증이기도 하다.

"성공 4원칙 통제된 집중력이다." - 성공원칙, 48page

현대식 전화기를 발명한 알렉산더 그레이엄 벨 박사는 그의 발명에 대해서 이야기한다. "저는 청력이 손상된 제 아내를 위해 듣는 데 도움을 주는 기계 장치를 연구하다가 장거리 전화의 원리를 발견했습니다. 제 남은 일생을 바치는 한이 있더라도 보청 장치를 찾아내겠다고 마음먹었습니다." 결국 그 원리를 찾아내고 전선을 통해서 목소리를 보내는 방법으로도 활용할 수 있다는 사실에 더욱 놀랐다. 「주역」에 나오는 말 중에 "궁즉변 변즉통 통즉구"가 있다. '궁하기만 하다고 통하는 게 아니라 먼저 변해야 한다.'는 뜻이다. 통하기 위해서는 '통(Pain)'도 필요하다. 궁하면 변화해야 할 것이고, 변화하면 통할 것이고 통하면 오래도록 지속될 것이다. 즉, 통할 때까지 변해야 한다는 것이다. 이렇게 집중력이 발휘될 때, 안 될 것 같은 문제들이 하나씩 풀리고 답을 찾게 되는 것이다. 아내를 사랑하지 않는 사람이 누가 있겠느냐? 하지만 전화기를 만들 만큼 집중력을 가진 사람은 그레이엄 벨 박사밖에는 없다. 이렇게 집중력이 중요한 것이다. 그래서 결과가 다르게 나오는 것이다.

성공원칙 중에 '황금률'을 꼭 이야기해야 한다. 필자의 명함엔 '(마7:12) 무엇이든지 남에게 대접받고자 하는 대로 너희도 남을 대접하라.'는 말씀이 적혀있다. 필자는 이것을 영업 초기부터 실천하려고 노력했다. 이 말은 '다른 사람들에게 이기적이지 않도록 힘써라. 그러면 목표와 목적을 이룰 수 있는 길을 찾게 될 것이다.'라는 뜻이다. 다른 사람을 돕는 것이 성공의 핵심이기 때문이다. 황금률은 쉬운 말인 것 같지만 만만한 성구가 아니다. 이것을 실천하고 깨닫게 되면 세상이 밝아보이게 된다. 그러나 이것을 이용하는 사람들에게는 너무 힘든 것이 되고 족쇄가 될 수가 있다. 남들이 나를 위해서 대접과 봉사를 하는 것인지 자기를 위해서 하는 행동인지는 시간이 지나야 알 수 있지만, 분명 엄청난 결과가 기다리고 있을 것이다.

한 사람을 소개하고 싶다. 에디슨이다. 그는 1879년에 저장된 에너지를 통해 빛을 내는 백열전구를 세상에 선보였다. 독일의 역사학자 루트비히는 이에 대해 "프로메테우스가 불을 발견한 이후 인류는 두 번째 발견했다. 인류는 이제 어둠에서 벗어났다."라고 말했다. 에디슨이 자신의 영광을 위해서 백열전구를 만든 것은 아닐 것이다. 에디슨이 발명한 물건은 축음기, 영사기, 장거리 전화, 전구, 전기냉장고 등 2천 개가 넘는다고 한다. 그는 사업가, 발명가, 과학자이기도 하다. 이렇게 남을 위해서 남을 돕는 것을 목표로 할 때 생각지도 못한 엄청난 일들이 기다리고 있다는 것이다. 필자는 자동차 사고처리를 잘한다. 자동차 합의금, 자동차 구매, 자동차 폐차, 운전자보험 청구를 잘하고 고객이 가입한 보험을 분석하여 아주 세밀하게 보험금을 청구해준다. 고객들이 이것을 너무 좋아한다는 것을 우연히 알게 되었다. 그래서 더욱 적극적으로 돕는다. 최근에 한 고객님이 운전하다가 사고를 당했다. 필자는 고객님의 병원 입원과 사고 차 처리, 신차 구입, 보험사와의 합의 등 전 과정에 도움을 주고 보험금 청구까지 마무리 지어주었다. 자동차 합의금도 보통 사람들이 보험사를 통해 받는 금액보다 50만 원 정도 더 받게 해드렸다. 필자는 이렇게 일이 잘 진행되면 신이 난다. 내가 받는 돈이 아니지만 고객이 피해 당한 것을 어느 정도 만회해드리면 너무 기쁘다. 그것을 통해서 제2의 고객들이 많이 나오기도 한다. 보험도 무한경쟁이다. 지인 중에서도 인터넷 보험 등 보험을 시작하는 사람이 늘어나고 있다. 이런 복잡한 시대 흐름 속에서 필자처럼 경쟁력을 갖고 일하면 생각지도 못한 좋은 결과들이 기다리고 있다.

  황금률이 정확하게 실천 되면 엄청난 파급효과로 다가온다. 필자의 열렬한 팬이 형성되는 것이다. 황금률은 2천 년 동안 계속됐다. 그리고 그에 관한 수만 개의 설교가 행해졌다. 그러나 황금률은 단순히 믿기만 하거나 생각만 해서는 아무 소용 가치가 없다. 실천을 통해서만이 그 파워를 보게 되고 알게 되는 것이다.
  한번은 자동차보험에 가입한 고객분께서 뺑소니 혐의로 경찰서의 출두 요청을 받게 되었다. 남편분은 출장을 간 상태여서 동반할 수가 없었다. 그래서 남편분과 통화를 하고 교통조사계에 같이 가서 조사를 받은 적도 많다. "사실 제가 경찰서에 같이 가도 해줄 수 있는 것은 없습니다. 같이 옆에 있어 주고 경찰이 무리한 질문과 수사를 하면 가드를 쳐주는 것뿐입니다."라고 했으나 고객분들은 너무너무 고마워하셨고, 그들이 평생 고객이 된다는 것을 나중에 알게 되었다. 이렇게 황금률을 보여 줄 수 있는 것은 실천하는 행동밖에는 없다. 이 글을 읽는 다양한 직업을 갖고 계신 독자님들도 본인의 일과 직접적인 관계가 없을지라도 고객분을 위해서 적극적으로 봉사하고 돕는다면 반드시 그 결과는 어떤 방법이든지 돌아오게 되어 있다는 것을 명심해야 한다.

'최상의 서비스를 제공하는 사람이야말로 가장 큰 이익을 얻는다.' 어느 지점 1등 한 보험회사 슬로건이다. 보험을 팔지 말고 서비스를 제공해라. 이것이 황금률이다. 마치 의자를 팔지 말고 편안함을 팔라는 가구회사 광고를 보는듯하다.

마지막으로 나폴레온 힐은 '돈의 가치'를 설명한다.

돈을 통해서 나의 필요한 음식, 주거, 의복, 자동차, 연금, 부동산 월세, 질병 등을 해결할 수 있다는 것은 너무나 행복한 일이다. 그러나 여기에서 멈추면 돈은 추해지게 되어 있다. 돈의 마지막 사용처는 돈이 도움이 필요한 사람과 장소에게로 흘러가게 하는 것이다. 다른 말로 '플로어' 한다고도 한다.

돈이 많다고 남을 위해서 사용하기가 쉬운 것도 아니고, 돈이 적다고 해서 남을 돕지 못하는 것도 아니다. 수입이 생기면서부터 필자는 십일조, 감사헌금, 선교비 등 적지 않게 남을 돕고 있다. 남을 위해서 여러 곳에 돈을 사용하는 것을 보고 아내가 깜짝 놀란 적도 있다. 그러나 인문고전과 책을 읽을수록 이것이 더욱 좋은 것으로 만들고 있다는 사실을 깨닫게 되며 다시 감사할 수 있게 된다.

필자는 2년에 한 번씩 책을 출판한다. 그리고 300만 원, 500만 원, 이번에는 700만 원 기부에 도전하고 있다. 출판한 책을 고객들과 지인들이 사주면 부족한 돈을 필자가 충당하여 건신대학원대학교에 기부한다. 700만 원을 그냥 기부해도 의미가 있겠지만 나를 아는 많은 고객과 사람들에게 책 쓰는 과정을 홍보하고, 책을 출판하는 날에 초청하여 함께 점심을 먹고 이야기도 나눈다. 작은 책 한 권을 통해서 많은 부가가치를 창출하고 있다. 필자는 이것이 너무나 좋고 행복하다. 그래서 돈과 관련된 책을 10권 정도 출판하여 건신대학원대학교를 알리고 학교에 기부하는 것이 목적이다. 4개월 정도 책을 쓸 동안 그동안의 인문고전들이 정리되고 나의 생활 속에 녹여있는 것을 볼 때 너무 흐뭇하고 행복하다. 도파민이 엄청나게 나온다. 그래서 필자는 계속 도전하고 시도할 것이다.

「그리스인 조르바(니코스 카잔차카스 저)」에는 이런 말이 나온다. "나를 구하는 유일한 방법은 남을 구하려고 애쓴 것이다." 필자는 이 말을 조금 알게 되었고 그래서 책 쓰기를 시작한 것이다. 돈을 버는 방법은 모든 사람이 알고 싶은 이야기이다. 그래서 그리스인 조르바의 말을 생각해봐야 한다. '나만 잘살면 되는 것이지 왜 남을 구하려고 애쓰는 것이 나를 부자로 만들 수 있다는 걸까?'에 대한 해답을 찾을 때에야 나도 부자의 반열에 오르게 되는 것이다. 이것이 반전이다. 이것을 자꾸 나에게 질문하고 답을 찾아야 내가 하는 일에서 창조적인 일을 찾고 좋은 성과도 나오는 것이다. 지금 소득의 2배가 반드시 될 수 있다는 것이다. 내가 그것을 증명했고 이 추상적인 말들이 구체적으로 나에게 적용되고 실천할 때 연봉이 2배가 될 수 있고 심지어 10배도 늘어날 수 있다는 것이다.

> **재산이 많은 사람이 그 재산을 자랑하고 있더라도
> 그 돈을 어떻게 쓰는지를 알 수 있을 때까지는 그를 부러워하지 마라.**
>
> - 소크라테스 -

4. 악인이 세상에서 돈 버는 방법

「명심보감」 - 추적

4.
악인이 세상에서 돈 버는 방법

「명심보감」 - 추적

「명심보감」은 필자가 정말 좋아하는 책이다. 실생활에 필요한 책들의 엑기스를 모아서 바로 적용하고 실천하며 반성하게 만들어주는 책이다. 고려말 충렬왕 때 '추적'이라는 학자가 중국 명나라 법립본의 「명심보감」에서 진수만을 간추려 초략본을 펴냈다. 이 초략본이 우리나라에 널리 전파되고 알려지면서 인생의 길잡이인 어른들의 입에서 입으로 전해지는 좋은 명언집이 된 것이다. 「명심보감」의 직역은 '마음을 밝혀주는 보배로운 거울'이라는 뜻이다. 사람의 마음은 볼 수가 없다. 그러나 마음은 태도, 말, 습관, 행동 등으로 드러나게 되어있다는 것을 인문고전을 읽을수록 알게 되었다. 마음이 보이지 않는데 보인다. 그리고 드러난다. 정말 재미있지 않은가?

「명심보감」의 저자인 '추적'이라는 사람을 알 필요가 있다. 추적은 충렬왕 때 사람인데 성격이 활달하고 거침새가 없었다고 한다. 과거에 급제하여 안동 서기로 임명되었다가 직사관으로 선발되었으며 그 후 여러 관직을 거쳐 좌사간이 되었다. 추적은 공명정대한 인물이다. 황석량의 무고한 참소로 감옥에 갇혔을 때 한 치의 물러섬도 없이 당당한 모습을 보이는 추적에게서 진정한 선비상을 엿볼 수 있다. 한 가정 안에서의 추적은 검소하고 청렴한 인물이었던 것 같다. 손님 대접은 쌀밥에 생선이면 충분하다는 그의 말에서 우리는 추적의 사람됨을 짐작할 수 있다.

「명심보감」은 600년을 지탱해 온 책이다. 서당교육이 이루어지던 당시에는 천자문, 사자소학을 뗀 아이들에게 사람이 살아가면서 사람의 도리를 해야 할 덕목들을 가르쳐 주던 책이었다. 또한 「명심보감」은 기본적인 인간관계를 알려주는 책이다. 자식과 부모, 형과 아우, 아내와 남편, 친구, 스승과 제자, 임금과 신하의 기본적인 인간관계를 직설법으로 기술한 책이기도 하다. 물론 시대가 600년이나 지났지만 인간관계의 원리와 원칙, 인간의 욕심은 크게 바뀐 것이 없다고 생각한다. 공자의 '온고지신(溫故知新)'이라는 말처럼 옛것을 익히고 그것을 미루어서 새것을 알 수 있다는 것을 기억할 필요가 반드시 있다. 역사를 통해서 현재와 미래를 예측하는 것은 그리 어려운 것은 아닐 것이다. 그래서 부자들이 역사책을 많이 읽는 것이다. 인간의 탐욕과 욕망과 전쟁은 예전이나 지금이나 차이가 크지 않기 때문일 것이다. 역사는 계속 반복되는 이유이기도 하다.

「명심보감」의 첫째는 '착하게 살아라'이다. 착한 일을 하면 하늘이 복을 내리고 나쁜 일을 하는 사람은 하늘이 반드시 재앙을 내린다. 가장 중요한 해석이다. 그래서 어른들이 "착하게 살아라. 하늘이 너를 보고 있다."라며 할아버지, 할머니도 이야기하는 것이다.

필자도 이제 반백 년을 살게 되었다. 세상이 돌아가는 이치를 조금 알 것 같다. 언뜻 보면 나쁜 사람들이 잘 사는 것 같아 보인다. 그러나 그 사람들을 조금만 유심히 바라보라. 벌은 이미 받고 있다는 것을 금방 알 수가 있다. 그 사람의 인생을 자세히 보라. 그러면 힌트가 보인다.

가끔 자동차 신호를 위반하고 쏜살같이 가는 사람을 보게 된다. 깜짝 놀랄 경우가 많이 있다. 그러나 그들은 겨우 바로 앞의 신호에서 기다리고 있다. 빨라야 1분이 되지 않는다. 고작 그것을 위해서 곡예 운전을 하고 위반을 하는 것이다. 이런 분들은 조만간 자동차 사고가 일어날 확률이 아주 높다. 필자는 생각보다 교통사고가 적다. 「명심보감」을 보고 깨달은 이유이기도 하다.

우리가 살고 있는 세상은 정말 만만한 곳이 아니다. 가끔 그냥 찍어 본 주식이나 코인이 맞을 때가 있다. 그러면 내가 대장이 된 것 같고 이 세상 돈이 우스워 보일 때가 있지만 조금만 지나면 바로 세력들에게 물리게 되어 있다. 아홉 번을 이겨도 한 번을 물리게 되면 힘든 것이 세상 이치다. 그래서 고수들이 조금만 먹고 일어나는 것이다. 타자(고스톱)에서 고수가 수익의 절반을 주고 바빠서 먼저 가는 것은 돈을 잃는 것이 아니라 돈을 지키고 돈을 벌어서 나오는 것이다. 돈을 엄청 벌어도 내가 손목 하나가 잘리고 다리, 귀가 잘리면 무슨 부귀영화가 있을 수 있을까를 신중하게 생각하고 깊게 깨달아야 하는 것이다.

두 번째 천명편에 보면 잘 알 수 있다. '오이를 심으면 오이를 따고 콩을 심으면 콩을 딴다. 하늘의 그물은 넓고 넓어 성글지만 새는 법이 없다.' 모세오경 중에 바로 왕을 심판하는 장면이 나온다. 모세가 그만 자기의 백성을 보내달라고 요청하면서, 이를 거절하면 열 가지의 재앙을 내린다고 말한다. 피, 개구리, 이, 파리, 가축의 돌림병, 악성 종기, 우박, 메뚜기, 흑암의 재앙을 지나면 마지막으로 장자의 죽음이 찾아온다. 하나님께서 모세를 통해 보낸 열 가지 재앙으로 바로 왕의 장자가 죽으면서 모세의 민족들은 애굽을 탈출하게 된다.

필자는 가끔 열 번째 재앙(장자의 죽음)을 다섯 번째 정도에 사용하면 좋을 텐데, 라고 생각해본다. 그러면 바로 왕도 빨리 마음을 돌이키고 이스라엘 백성도 일찍 애굽을 탈출할 수 있으니 말이다. 그러나 시간이 지나면서 하나님의 깊은 사랑을 깨닫고 알게 된다. 하나님은 아무리 나쁜 사람(바로 왕)도 열 번의 기회를 줄 만큼 사랑한다는 사실을 알게 된 것이다. 필자의 작은사랑을 보면서 안타까울 뿐이다. 하나님

(신)은 인간을 정말로 한 영혼, 한 영혼 사랑하신다. 하늘이 CCTV처럼 우리의 모습을 실시간으로 녹화하고 있다고 생각하고 하루하루를 거룩하고 신중하게, 하지만 행복하게 살아가길 추천한다.
"내가 부모님께 효도하면 내 자식도 나에게 효도할 것이다."

너무나 단순 명쾌하다. 인간이 두려운 것은 부모님께 효도하면 손해를 보는 것 같아서일 것 같다. 자식에게 투자하는 것은 바로바로 보인다. 학원에 보내면 성적으로 바로 답이 온다. 그리고 재미도 있다. 그러나 부모님과 식사하고 시간을 보내는 것은 바로 답이 오지 않는다. 어떻게 보면 아무 의미가 없는 것처럼 보이기도 한다. 그러나 절대 그렇지 않다는 것을 빨리 알아야 한다. 인생은 보이지 않는 것을 볼 줄 알아야 보이는 자본주의 세상에서 원하는 만큼 돈을 벌고 남에게도 좋은 영향력을 주면서 세상의 작은 부분을 밝힐 수 있는 것이다.

"부모님께 거스르고 거역하는 사람은 자신에게 거스르고 거역하는 자식을 낳을 것이다. 믿지 못하겠다면 처마 끝의 낙숫물을 보라. 방울방울 떨어지는 것이 한치도 어긋나지 않는다."

카네기에서 김갑선 회장님을 알게 되었다. 그분은 매주 일요일 저녁마다 부모님을 모시고 형제자매와 식사를 한다. 정말 바쁜 유통업을 하시는 분인데도 한 달에 네 번씩 부모님, 형제자매들이 식사를 한다. 그리고 틈틈이 부모님 집을 방문해서 잠깐 쉬다 간다고 한다.

이 말은 부모님이 필요한 게 없나 살핀다는 뜻이기도 하다. 김갑선 회장님은 부모님께 전화도 매일 하신다. 이것을 보면서 처음엔 이해가 가지 않았다. 하지만 김갑선 회장님을 알게 될수록 신기하고 놀라운 일들을 알게 되었다. 바빠서 새벽부터 일하시는 와중에도 시간을 만들어서 식사, 방문을 수시로 하는 것에 놀라고 소름이 돋았다. 그래서 필자도 동생들과 상의하여 한 달에 한 번씩 부모님과 식사 모임을 만들어 실천하고 있다. 전화도 퇴근길에 꼭 하려고 한다. 어느 날, 아버지께서 친구분들에게 필자와의 통화를 자랑하신다는 것을 알게 되었다. "나는 아들이 매일 전화를 해서 안부를 물어."하고 말이다. 효도는 생각보다 돈이 많이 들지 않는다. 그리고 돈도 더해지면 플러스 알파가 되는 것은 금상첨화이기도 하다.

"내가 잘한다, 잘한다고 하면서 부추기는 사람은 곧 내게 해로운 사람이다. 내게 잘못됐다, 잘못됐다 하면서 바로잡아 주는 사람은 곧 나의 스승이다."

지금 봐도 정말 맞는 말씀이다. 너무 지적만 해도 좋지는 않지만 내게 "잘한다, 잘한다." 말하는 사람이 정말 진심인지를 따져 봐야 한다. 정말 나를 위해서 하는 말인지, 아니면 자신에게 이익이 되기 때문에 말하는 것인지 생각을 해봐야 한다. 잘하는 것이 그 사람과 직, 간접적으로 상관이 없다는 그 사람의 말에 신뢰가 가고 나의 상사가 그런 말을 자꾸 하면 누구를 위한 것인지 한번은 생각해봐야 할 점이기도 하다.

필자가 현대해상 연말 평가를 받을 때였다. 실적을 조금 더 내면 한 단계 높은 평가를 받을 수 있고, 상과 상금도 차이가 나서 욕심이 나는 상황이었다. 당시 필자의 상사는 "할 수 있다. 하면 된다."라며 나의 마음을 자극했고, 시간이 없어서 필자 본인의 실적을 넣는 방법밖에는 다른 방도가 없었다. 그래서 실적을 넣을 수 있게 준비를 마친 뒤 퇴근했다. 그 후 우연히 현대해상 MBA 5기 동기들과 통화할 일이 생겨서 "내가 실적이 부족해서 자폭(일명 본인 계약)을 하려고 한다"고 전했더니 동기들이 대번 말리는 것이었다. 그렇게 해서 무슨 의미가 있냐며 말이다. 마음을 가라앉히고 생각해보니 1등이 아닌 이상 무리한 실적을 하는 것은 나의 발전에 플러스가 없었고 단지 영업소의 부족한 실적을 채우려는 상사의 계략이라는 것을 알게 되었다. 잘한다, 잘한다, 하는 사람들이 모두 그런 것은 아니지만 잘 생각해볼 여지는 있다. 그래서 인문고전을 읽어야 사람의 깊은 마음을 간파하고 지혜롭게 살아갈 수 있는 것이다. 이때 사람에 대해 많이 배우게 되었다.

"한순간의 분노를 꾹 눌러 참으면 백날 동안의 근심을 면하리라. 참고 또 참아라. 조심하고 또 조심해라. 참지 않고 조심하지 않으면 사소한 일이 큰일이 된다."

다들 경험해봤을 것이다. '그때 조금만 참았으면 좋았을걸'이라며 후회한 적이 있을 것이다. 일상생활 속에서, 특히 가까운 가족 간의 사이에서 잠깐의 불편한 것을 표현하면 다른 화로 돌아오는 것을 경험했을 것이다. 그 사람이 잘 되었으면 하는 좋은 마음과 나의 불편함을 더해서 말을 하면 잔소리가 되고 가까운 사람을 잃어버리는 경우가 생길 수 있으니 정말 잘 참고 참아야 한다는 말씀은 맞는 말씀이다. 아마도 화를 다스리는 마음은 죽을 때에나 생길 수 있기에 슬프다. 필자의 경우가 그렇다는 것이다. 인생의 내공이 쌓여야 가능한 것이다. 너무 서두르지 말라.

"사람이 옛일과 지금 일을 널리 배워 알지 못하면 말과 소에 옷을 입혀 둔 것과 같다."

짐승에게 옷을 입힌다고 해서 사람이라고 할 수 없듯이 사람이 배우고 익히지 않으면 짐승과 같다는 말이다. 이렇게 현인들은 배움을 강조했고 중요시했다.

최근에 김미경 대표님의 홍대 MK 빌딩에 초대받아서 방문한 적이 있다. 김미경 대표님은 필자가 하고 싶은 꿈을 모든 것을 이룬 사람이다. 유튜브 180만 구독자, 베스트셀러 책 출판, 강연은 최고 중에 최고이다. 3040 여성들에게는 신과 같은 사람이며 여성들의 멘토이기도 하다. 정말 모든 것을 이룬 대표님이시다.

필자는 대표님에게 겁 없이 질문했다. "김미경 대표님은 아직도 배울 것이 있나요?" 0.5초도 안 돼서 그는 "아직 멀었습니다. 배움을 멈추면 죽어요. 바로 도태됩니다."라고 말씀하셨다. 그 순간을 생각하면 정말 소름이 돋는다. 최고의 자리에 있는 사람도 아직 배울 것이 많다고 말하고 있으니 필자는 정말 아직 아직 먼 것이 확실하다. 성공한 많은 분들이 아직도 새로운 것을 배우고 익히는 모습이 낯설지 않은 이유이기도 하다. 그래서 인문고전을 읽고 깨닫고 실천하는 것이 매우 중요한 것이다.

"사랑받고 있을 때는 버림받을 것을 미리 생각하고 편안하게 지내고 있을 때는 위험에 처하게 될 때를 미리 생각하라."

필자는 「명심보감」 성심편을 읽고 깊은 감동을 받았다. '어떻게 옛 어른들은 사랑받을 때 버림받을 것을 미리 생각했을까?'라는 놀라움에 감탄했다. 기업의 오너들은 매출이 좋을 때 다음 단계는 무엇인지를 고민해야 한다. 항상 잘되는 것이 유지될 수가 없기 때문이다.

오래전, 은행들은 삼성전자 ELS를 많이 판매했다. ELS 상품은 약정기간 동안 삼성전자가 60% 이상 손실을 내지 않으면 은행수익보다 2배 이상을 주고 손실이 나면 원금보장을 안 해주는 상품이다. 은행 직원은 "사장님, 삼성전자가 망하지 않으면 이 상품이 됩니다."라는 멘트로 고객을 이끌었다. 그 당시, 삼성전자가 망할 거라고 생각하는 사람은 대한민국에 한 명도 없었을 것이다. 있다고 하면 무식하다고 말할 것이다. 그러나 정말 세상일은 알 수가 없다. 삼성전자가 손실을 내며 원금 대부분을 깎이거나 날린 사람들이 민원을 넣고 난리였던 적이 있다. 이렇게 철석같이 믿는 사람도 구멍을 내고 도망가거나 믿는 회사가 망하거나 없어지는 일들이 심심치 않게 생긴다는 것을 인생을 좀 살았다는 사람은 알 수 있을 것이다. 그래서 편안할 때 위험을 준비하는 것은 정말 지혜로운 일인 것이다.

"큰 부자는 하늘에 달려있고, 작은 부자는 부지런함에 달려있다."

성공한 많은 회장님들이 말씀하시는 것 중에 하나이다. 내가 부자가 된 것은 운이 정말 좋아서 된 것이라고 다들 말하고 있다. 신기하지 않은가? 회장님들은 "나처럼 노력 안 하는 사람이 있느냐?"고 물어보신다. 그리고 하늘이 도운 사실을 말하신다. 1973년 10월 6일. 1차 석유파동 때 세계 경제가 엉망이 되었지만 운 좋게 장사를 해서 큰돈을 벌었다고 한다. 남들은 다 손해 보고 집을 팔고 난리를 친다. 그러나 고수들은 미리 준비했기에 조용히 돈을 벌고 조용히 지낸다.

스스로 돈이 많다고 말하는 사람 중에 실속 있는 사람들은 많지 않다. 고려대학교 CEO 과정에서 오영철 회장님과 인도여행을 간 적이 있다. 정말 돈이 많은 분 중에 한 분이시다. 오영철 회장님은 여행 내내 같은 옷을 입으셨다. 돈도 많은 분이 왜 똑같은 옷을 계속 입는지 물어봤다. 그러자 오영철 회장님께서는 "두 벌을 갖고 와서 바꾸어 입는 것이지 똑같은 옷을 계속 입는 것은 아니다."라고 말씀해 주셨다. 그리고 본인은 불편하지 않다고 거듭 말씀하셨다. 필자가 부자들의 검소함을 바로 알게 되는 기회가 되었다. 옷을 잘 입는 부자도 알고 있지만 오영철 회장님은 검소한 부자인 것이다. 부자가 검소하게 생활하는 것을 보면서 삶에 교훈과 감동을 받았다. 「부자가 되려면 부자에게 점심을 사라(혼다 켄 저)」라는 책이 베스트셀러가 된 적이 있다. 부자와의 식사를 통해 그들의 삶에 대한 패턴을 볼 수도 있고 배울 수도 있어 인기가 좋았던 것 같다.

'소동파'는 북송 시대의 큰 문장가이며 학자이다. 그의 어록엔 "아무 까닭 없이 천금을 얻으면 큰 복이 있는 게 아니라 반드시 큰 재앙이 닥칠 것이다"라는 말이 있다. 정말 맞는 말이다.

갑자기 이유 없이 큰돈이 생기면 출근하기가 싫다. 예를 들어, 로또 1등이 되어서 50억 정도의 현금을 받았다고 생각해보자. '내가 300만 원, 500만 원 벌려고 이 고생을 할 수는 없지.'라는 마음이 쏜살같이 들어온다. 먹고 싶을 때 먹고, 자고 싶을 때 자고, 점심때가 되어서야 일어나며 점점 나태해진 삶을 살게 될 것이다. 그러나 밖을 돌아다니다 보면 사기꾼이 길목마다 기다리고 있다. 사기꾼은 돈 냄새를 잘 맡는다. 상어가 10km가 넘는 먼 거리에서부터 피 냄새를 알아채고 온다는 사실에 '자연의 법칙이란 놀랍구나!' 하고 감탄한 적이 있다. 돈은 그 사람의 그릇만큼 담아낼 수가 있다. 그 한계를 넘어서면 넘치고 삶은 엉망이 된다는 것을 「명심보감」에서는 정곡을 찌르고 있는 것이다. 그래서 소동파가 그렇게 말한 것이다.

옛날이나 지금이나 사람의 욕망과 욕심이 차이가 없는 것 같다는 것에 필자는 늘 놀라고 있다.

"하인을 부릴 때는 먼저 그들이 배고프고 춥지 않은지 염려해라."

"못난 이는 아내를 두려워하고, 현명한 아내는 남편을 공경한다."

지금의 시대는 성공과 성취에 취한 시대인 것이 확실하다. 피로사회인 것이다. 자꾸만 일을 권하고 높은 목표를 제시하는 삶을 말하고 말한다. 작은 것을 기뻐하지 못하고 더, 더, 더를 외치는 시대인 것 같다. 옛 어른들이 말하는 '자족하는 삶이 멋지다'는 낭만은 사라진 지 오래되었다. 낭만이라는 현실에 메이지 않고 감상적이고 이상적으로 사물을 대하는 태도나 심리를 말한다.

아무리 돈을 은행에 쌓아두어도 전쟁이 나면 제일 먼저 은행 문이 닫힌다. 최근에 우크라이나와 러시아의 전쟁을 보면서 깨닫게 되었다. 전쟁이 나면 은행 문을 제일 먼저 닫는다. 명심해라. 은행은 우리 편이 아니다. 맑은 날에 우산을 빌려주고 비가 오면 우산을 회수하는 것이다. 금리인상이라는 엄청난 무기를 갖고 일하는 공식적인 사채업자이다. 착각하면 안 된다. 다시 돌아와서 일하는 직원이라 하더라도 그 사람을 진정으로 필요한 것을 채워주지 않고 일을 강요하면 결정적인 순간에 도움을 받지를 못한다. 옛말인 '있을 때 잘하라'라는 말로 대체할 수 있을 것 같다. 대전 카네기 이태성 지사장님의 명언이기도 하다. 그래서 「명심보감」을 인간관계, 처세술, 돈을 모으는 방법 등 살아가면서 필요한 모든 실용서를 넣은 책이라 해도 과언이 아닌 것이다.

"한마디 말이 맞지 않으면 천 마디 말이 쓸데없다."

"배우기를 좋아하는 사람과 함께 가면 안갯속을 걷는 것과 같다. 옷이 흠뻑 젖지는 않지만, 점점 물기가 배어든다. 무식한 사람과 함께 가면 측간에 앉아있는 것과 같다. 옷이 더러워지지는 않지만, 점점 고약한 냄새가 나는 것과 같다."

무식한 사람을 왜 멀리해야 하는지 알게 된 필자는 망치로 머리를 맞은 것과 같았다. 이렇게 멋진 비유로 사람의 마음을 강타하는 선조들의 지혜에 놀라기 시작했다. 어른들이 친구 따라서 강남 간다, 끼리 끼리 모인다, 유유상종이다라는 말씀을 한 이유가 절로 이해갔다. 어릴 때도 친구가 중요하지만 나이가 들어서도 좋은 친구가 너무 중요한 것을 기억해야 한다. 그래도 필자는 좋은 이웃과 친구가 조금 있어서 다행이다.

소인은 조그마한 착한 일은 아무 이익이 없다고 여겨서 하지 않는다. 반대로 조그마한 나쁜 일을 아무 해로움이 없다고 여겨서 그만두지 않는다. 작은 신호위반, 어른을 공경하지 않는 것, 약한 자를 무시하는 것, 사회적 지위만으로 판단하는 것 등의 작은 것이다. 그래서 악은 쌓이고 쌓여서 가릴 수가 없게 되고 죄는 커지고 커져서 풀 수가 없게 된다. 우리 속담으로는 '바늘 도둑이 소도둑 된다.'는 말이다. 바늘을 훔치던 사람이 큰 소를 훔치게 된다는 것은 과장일 수도 있겠지만 「명심보감」에서 말하는 '조그마한 나쁜 일이 커져서 그 크기를 가릴 수가 없다'는 말과 일맥상통하다.

신호를 지키는 것, 모르는 사람에게 함부로 말하지 않는 것, 길에 휴지를 버리지 않고 줍는 것, 어려운 사람들은 선한 마음으로 돕는 것, 버스에서 자리를 양보하는 것, 엘리베이터에서 달려오는 사람을 기다려주는 것 등 작은 것을 실천한다고 해서 큰 기적이 생기지는 않는다. 그러나 이것이 쌓이고 쌓이면 태산이 되고 나의 인격이 되고 좋은 소문이 된다는 것을 기억하고 명심해야 한다. 나의 30년 명성이 말 한마디 작은 행동으로 무너지고 파산 될 수 있다는 사실을 마음에 새기는 사람만이 나중까지 평안한 삶을 살 수 있다는 뜻이기도 하다.

"오늘 배우지 않고서 내일이 있다고 말하지 말라. 올해 지금 배우지 않고서 내년이 있다고 말하지 말라. 해와 달은 지나가고 세월은 나를 위해 늦추지 않으니 아아 늙었구나! 누구의 허물인가."

필자가 2년에 한 권씩, 열 권의 책을 내려고 하는 것도 「명심보감」 덕분이다. 해와 달이 지나가고 세월이 나를 위해 기다려주지 않으니 늙어서 한탄 말고 열심히 배우고 학문을 깨달아서 남에게 도움을 주는 인생을 살게 된 것이다. 책을 세 번째 집필하면서 이제 책을 쓰는 즐거움을 조금 알게 되었다. 책을 읽고 정리하고 나의 인생에 적용하고 실천하는 것은 돈으로 환산할 수 없는 즐거움이다. 그래서 필자는 「명심보감」 덕분에 열 권의 책을 쓸 생각을 했고, 지금도 실천하고 도전하는 것이다.

「명심보감」을 정리하면 하늘을 두려워하고 착하게 살아야 하고, 부지런히 몸과 마음을 살펴야 하고 나의 주변의 가족, 친지, 친구, 상사들과 잘 어울려야 하며 특히 말을 조심하고 행동으로 먼저 보여주어야 하며 부모에 대한 효를 작은 것부터 실천 해야 한다. 마지막으로 배움의 끝은 없고 세월을 아껴서 배움에 정진하는 것이 「명심보감」의 깊은 뜻 중에 하나인 것 같다. 필자도 돈을 좋아한다. 돈을 많이 버는 것이 목적이 아니라 돈을 많이 벌어도 감당할 수 있는 절제력을 키우는 것과 돈이 필요한 사람들에게 10% 이상 흘러가게 하는 능력도 키워야 한다. 돈이 나를 좋아해서 돈과 재물이 어깨동무를 하고 나에게 달려오리라 생각하고 확신한다.

악인의 방법은 조금 다르다. 목적을 위해서 누군가를 희생해도 좋다는 논리가 많다. 마치 대의를 위해서 네가 희생하라는 말도 안 되는 방법을 제시한다. 이것은 스스로 희생하고 손해를 감수하는 것과는 아주 다른 개념이다. 스스로 하는 것은 원한 관계가 없다. 마치 부모가 자식에게 기쁜 마음으로 손해 보는 것이다. 우리말로 사랑이다. 그러나 공동체에서 누군가의 희생을 강요하고 분위기를 만드는 것은 아주 나쁜 삶의 태도이다. 이런 악인은 절대로 만나면 안 되고 만나면 바로 손절해야 한다.

'천상운집(千祥雲集)'이라는 사자성어가 생각난다. 천 가지 좋은 일이 구름처럼 몰려온다는 뜻이기도 하다. 늘 돈이 많은 것을 자랑하는 것은 어리석은 태도이다. 그 돈을 어떻게 사용하는지를 보고 감탄하라는 소크라테스의 말을 명심해라. 그래서 하늘이 부자를 만들어줄 때는 그 사람이 돈을 벌어서 어떻게 사용할 것인지를 생각해봐야 한다. 나만 잘 먹고 가족만 부양하는 것도 의미가 있다. 그러나 하늘이 복을 주는 것은 조금은 다르게 봐야 한다. 남을 이롭게 해야 한다. 그래야 세상이 조금이라도 밝아지는 것을 원하지 않겠는가! 부자의 통로가 되려면 반드시 남을 구하려고 애쓰는 '그리스인 조르바'의 마음을 갖고 살 때 행운과 복은 반드시 온다. 나의 직장, 가정, 인간관계에서 실천해보자 어떤 결과가 생기는지 궁금해질 것이다.

> 부를 경멸하는 사람이 있다. 그것은 부자가 될 희망이 없기 때문이다.
> - 프랜시스 베이컨 -

5.
돈은
생각보다
많이 벌 수가 있다.

「결코 배부르게 먹지 말 것」 - 미즈노 남보쿠

5.
돈은 생각보다 많이 벌 수가 있다.

「결코 배부르게 먹지 말 것」 - 미즈노 남보쿠

이 책의 서문은 이렇게 시작한다.

"저는 오랫동안 관상을 보는 것을 직업으로 삼고 살았다. 그러나 관상에 판단하는 능력보다 인간의 길흉화복이 그 사람이 먹는 음식에 있다는 것을 알지 못했다. 단지 얼굴의 생김새만으로 길흉화복을 판단하는 것이 오판이었다. 부자의 관상을 타고나서도 가난하고 짧은 수명으로 인생을 마무리하는 사람도 너무나 많이 보았다."

필자가 서문을 읽으면서 '왜 돈 버는 것이 먹고 마시는 것과 관련이 있지?'라는 생각을 하면서 읽은 책이기도 하다. 남보쿠는 황실에서 인정받아 벼슬을 받고 큰 부자가 되었지만, 여전히 보리 한 홉과 채소 한 가지만을 먹으면서 평균 수명이 45세였던 시대에서 78세까지 장수하며 살았다. 지금 나이로 따지자면 130세 정도 살고 돌아가신 것과 비슷하다. 결론적으로 성공과 장수가 음식의 절제에 있다는 것을 알려주고, 그다음에 관상을 가르친 것이다. 놀라운 발견이며 깨달음이다. 그래서 저자는 사람의 관상을 볼 때 그 사람의 식생활을 먼저 물어본다고 한다. 마치 우리가 좋아하는 삼성병원, 서울대병원 명의를 만났을 때 질문받는 것과 비슷하기도 하다. 병을 치료하는 것이 목적이지만 식생활과 그 사람의 라이프 스타일을 체크하고 다음번에는 병에 걸리지 않도록 예방하는 차원이 더욱 중요하다는 것도 알게 된다.

관상이 좋지 않아도 음식을 절제하는 사람은 타고난 관상의 부족함을 메우고 운이 좋아지는 것이다. 그는 늙어서도 행복해지고 수명이

짧지 않다. 반대로 좋은 인상을 갖고 있지만 음식을 절제하지 않고 산 사람은 여러 면에서 부족함이 계속되고 병불이신(病不離身)하며 늙어서도 불행해진다고 한다. 필자가 다시 말하는 것은 자신에게 주어진 할당량보다 더 많이 먹고 욕심을 내면 아무리 인품이 좋아도 불행한 내면의 번뇌가 끊이지 않는다. 절제하지 않은 까닭에 가정도 파괴된다. 또 지금을 넘는 출세나 발전도 없다고 단호하게 이야기한다. 필자는 음식을 잘 먹는다고, 관상이 좋다는 칭찬을 많이 받으면서 몸무게도 같이 늘어나는 인생을 살았다. 그래서 「결코 배불리 먹지 말 것」을 통해서 충격을 받고 있는 중이다. 늘어난 몸무게를 좋아하는 사람은 옷 가게 사장님뿐이다. 사이즈가 변하면 바지, 와이셔츠, 양복 등 모든 것을 다시 구입해야 하고 재정적인 소비도 늘어날 수밖에 없다. 직접적으로 운명에 영향을 주는 것이 아니라 자세히 보아야 운명에 영향을 주는 것이다.

요즘 시대엔 맛있는 음식을 푸짐하게 먹는 방송(먹방)이 인기이다. 이것을 미즈노 남보쿠가 봤다면 기겁했을 것이다. '사람들이 수명을 단축시키는 먹방을 왜 볼까?'라며 깜짝 놀라 뒤로 넘어갈 것이다. 현대 의약으로 사람의 수명이 늘어난 것은 사실이다. 그러나 건강하게 노년과 젊은 날을 보내려면 음식의 절제가 필수라는 말이다. 무병장수할 관상이라도 젊을 때부터 매일 맛있는 음식을 찾기 좋아하는 미식가는 나이가 들면 위장병을 달고 산다고 한다. 음식이 맛있다는 것은 그만큼 음식의 본연의 맛보다는 무엇이든 가미가 되고 변형이 되었다는 뜻이다. 자극적인 맛이 나올 수밖에 없다. 필자도 위험하다. 금융업을 하면서 잦은 모임을 가져왔고, 사람도 좋아해서 저녁 식사를 10년 이상 외부에서 먹어왔다. 맵고, 짜고, 자극적인 음식을 먹을 수밖에 없다.

관상이 좋다고 운도 좋을 것이라고 착각하면 결코 안 될 것이다. 늙어서까지 행복하게 살고 싶은 사람은 젊어서 하루라도 빨리 절제된 식생활을 익혀야 수명이 다할 때까지 만족스러운 인생을 살 수 있다는 것이다. 의식주를 풍족하게 하고 가진 것을 모두 사용해서 편리함과 편안함으로 치장하는 사람이 출세를 바라는 것은 가장 어리석은 일이라는 것이다.

장수하는 사람들의 인터뷰를 보면 매일 막강한 노동력으로 일하고 먹는 것은 적당히 먹고 잠을 잘 자고 부지런히 움직인다. 이 진리를 벗어나면 왜곡되기 쉽고 누구나 벗어나고 싶어 한다. 그러면 반드시 사기꾼을 만나게 된다. 마치 알약 하나로 무병장수가 가능하다는 사기꾼을 만날 수 있다. 보이스피싱의 기본은 단번에 큰돈을 벌 수 있다는 심리를 건드리는 것이다. 누구나 인생 한 방을 꿈을 꾸게 된다. 「노인과 바다」에서 산티아고가 청새치를 잡으려고 평생 쫓아가는 것과 비슷하다. 책을 읽고 공부하고 내공을 쌓으면 이 세상에 한방에 청새치를 잡는 방법은 없다는 것을 알게 된다. 필자도 슬프다. 그러나 현실을 직시하고 오늘 하루를 우보천리(牛步千里)의 마음으로 살아야 한다. '소의 걸음으로 천 리를 간다'는 마음을 중심에 지켜야 한다. 그래야 우리의 소중한 것들을 사기꾼들로부터 지킬 수 있다.

전국노래자랑은 KBS의 장수 프로그램이다. 방송인 '송해'는 돌아가실 때까지 전국노래자랑의 사회를 맡았다. 1927년 4월 27일생인 그는 2022년 6월 8일, 향년 95세에 별세하였다. 그는 자차가 없다는 사실로도 유명하다. 돈을 벌면 모두가 좋은 자동차를 소유하고 자랑한다. 송해의 장수비결은 'BMW'이다. 물론 자동차 브랜드가 아니다. BMW란 Bus, Metro, Walking을 말한다. 버스, 지하철, 걷는 것을 실생활에서 실천한다는 것이다. 수도권 3호선에서 송해를 자주 목격했다는 이야기를 들었다. 그는 한 달에 세 번씩 치과에 간다고 한다. 거의 매주 간다는 뜻이다. 그래서 필자도 5개월마다 한 번씩 스케일링을 받는다. 송해 형님의 영향이다. 우리가 알고 있는 상식과는 거리가 멀다. 자기만의 루틴으로 생활한 송해 선생님을 통해서 장수의 비결을 배우게 된다. 장수한 분들의 공통점은 치아가 건강하다는 것이다. 그래야 고기도 먹고 채소도 먹는 것이다. 이 관리가 장수의 공통임을 기억해야 150살까지 살 수 있다.

미즈노 남보쿠는 고아로 태어나 어린 시절부터 술을 좋아하며 떠돌다가 감옥에 가게 되었고 범죄자들의 얼굴 생김새에 공통점이 있음을 깨닫게 된다. 그 후 공부를 하고 스승을 찾았고 단식과 함께 수행을 하면서 사람의 운명은 관상이 아니라 먹는 음식에 달렸다는 걸 깨닫게 되었다고 한다. 필자도 남보쿠가 이 부분에서 참 대단하다고 생각한다. 그 후로 매일 보리 한 홉과 채소 한 가지를 먹으면서 자신의 운명을 바꾸었다고 한다. 음식 하나를 절제하지 못하는 사람이 다른 큰일을 통제한다는 것도 사실 신기한 일이기도 하다. 매일 3-4번 정도 먹는 음식을 절제하고 통제하는 것이 운명과 인생에 엄청난 영향을 준다는 것은 말할 것도 없는 사실이다.

　미즈노 남보쿠는 자신이 받고 태어난 음식의 할당량을 벗어나 먹지 말라고 강조한다. 그것보다 적게 먹고 절제하면 음식의 양은 더 많이 늘어나 애초에 받는 것보다 더 길게 먹을 것이 풍족하지만 그 양을 모두 채우면 행운은 고사하고 불행이 가득하고 힘들게 죽게 되며 재앙이 몰려온다는 것이다. 당시에 혈압을 재고 당뇨를 측정하는 기계는 없었다. 당화혈색소가 높으니 건강을 챙기라고 말해주는 의사도 없었을 것이다. 그러나 세상의 이치를 깨달은 사람들은 알고 있던 것이다. 매일 먹는 음식이 인생을 좌우하고 운명까지도 영향을 준다는 것을 말이다.

　특히 고기와 술을 많이 먹어 비만이 된 사람은 평생 출세하거나 지금보다 나은 인생을 살게 될 기회가 적다고 강조한다. 필자에게도 슬

픈 일이다. 생물을 죽여 그 고기를 먹는 사람이 많다. 따라서 사람의 기질도 자연히 거칠어질 수밖에 없다는 것이다. 살아있는 생물을 죽여 그 고기를 먹고 즐기는 일이 거친 것은 당연하다는 것이다. 현대사회에서 고기를 먹지 않는 것은 사실 불가능하다. 성장기의 아이들은 단백질 섭취가 너무나 중요하다. 그러나 40대가 넘어가 고기만을 찾는 것은 다시금 생각해 볼 일이다. 대부분 영양소가 넘쳐서 배로 갈 수밖에는 없다. 당연히 콜레스테롤, 중성 지방, 혈압, 당뇨가 따라올 수밖에 없다는 것이다. 이것이 자연의 이치이다.

 많은 사람이 길과 흉을 알려주지 않고 왜 먹는 음식만을 강조하느냐고 물어본다. 하지만 성공을 돕는 운이라는 것이 결국은 몸과 마음을 다스리고 천하를 다스리기 위한 왕도에 관한 것이라는 데에 이유가 있다고 한다. 심신을 기르는 근원이 바로 음식이기 때문이라고 한다. 음식을 통제할 때 심신을 통제할 수 있기 때문이다. 심신이 망가지면 천하를 다스리는 일도 망치는 것이 세상 이치라는 것이 미즈노 남보쿠의 일관된 답변이다. 그래서 음식을 절제하는 것은 보통 사람에게 매우 어려운 일이고 필자에게도 너무 어려운 일이다. 한때 천년을 산다던 학도 죽을 때 보면 위에 항상 반 정도만 음식이 차 있다는 이야기도 그냥 나온 것은 아니라고 생각한다.

 이 시대는 돈을 너무나도 좋아하는 시대이다. 조선시대처럼 신분이 사농공상(士農工商)으로 나뉘어 있지는 않지만 필자는 아직도 철저한 신분사회라고 생각한다. 많이 배운 자, 돈을 많이 번 자는 반드시 그들만의 네트워크가 있고 그들만의 성공방정식이 있다. 그들은 그것을 최대한 네트워크 안에서 활용하는 것이고 평범한 사람들은 그것을 모르는 것뿐이다. 그들은 보이는 세상이 전부라고 생각하는 것이다. 필자는 '대중이 있는 곳에는 돈이 없다'라는 말을 좋아한다. 남들이 '이것 하면 돈을 벌 수 있다, 이 주식을 사면 떼돈 번다, 이 땅을 사두면 자식이 행복해진다.'라며 유혹한다. 너무나 달콤한 말이다. 그러나 대부분 대중(신문, 뉴스)이 이야기하는 것으론 절대로 돈을 벌 수가 없다. 이것을 빨리 알아채야 한다. 신문과 뉴스에는 부자의 길은 없다. 실제로는 하지 말라는 것을 해야 그곳에 돈을 벌 수 있는 기회가 있다는 것이다.

예전에 의약분업이 있기 전에 약국에서 엄청난 돈을 벌고 출세한 사람 이야기를 들은 적이 있다. 그 약사는 다른 약사들이 다루기 싫어하는 약을 팔았다고 한다. 성병 치료약, 무좀약 등 남들에게 말하기 불편한 것을 대놓고 광고했고, 전국에서 손님이 몰려들어 성공했다는 이야기이다. 이야기를 듣고 이것이구나! 하면서 필자 혼자 박수를 치고 놀란 적이 있다. 이렇게 청개구리처럼 반대로 할 때 기회가 있다고 필자는 생각한다.

필자는 레드오션을 좋아한다. 이미 포화된 시장을 좋아한다. 이미 검증도 되었고 수요도 넘치기 때문에 좋은 품질에 저렴한 가격으로 승부하면 가능한 곳이 많다. 보험도 그렇다. 그래서 필자는 보험시장을 좋아한다. 수요도 많고 팔 수 있는 곳도 많기 때문이다. 그래서 필자가 금융업에서 돈을 잘 버는 이유이기도 하다. 한 곳에서 10년 이상 경험치가 있고 500명 이상의 팬들이 있고 약간의 성실함과 친절한 마음이 있으면 레드오션에서도 승산이 반드시 있다.

학교에서는 '공부 열심히 해라. 지금 공부하면 미래가 바뀌고 남편의 얼굴이 바뀐다.'라는 달콤한 이야기로 공부가 전부라고 가르친다. 그러나 초등 6년, 중고등학교 6년, 대학교 4년을 마치고 나면 알게 된다. 남들이 하라는 대로 하면 아주 평범한 인생밖에 살지 못한다는 것을 말이다. 그때는 너무 늦은 것이다.

필자의 아버지는 공무원 생활을 37년 정도 하시고 은퇴하셨다. 그 덕분에 필자가 밥은 먹고 살 수 있었고, 공부도 배울 수 있었다. 정말로 감사하다. 그 이상도 그 이하도 아닌 것이다. 아버지에게는 '성실한 사람은 밥은 먹고 산다'는 것을 배웠다. 그것으로 족하다. 부모의 좋은 것을 배우면 되는 것이지 부모를 탓하는 자는 정말 어리석은 자이다. 그러므로 먼저 먹고 마시는 것을 절제하고 그 위에 선한 일을 해라. 그러면 행운을 불러들일 수 있다. 행운도 세상의 여기저기를 돌아다니며 돌고 도는 이치를 알아야 한다. 그래서 물건과 음식을 함부로 대하고 쉽게 버려왔기 때문에 그 만물의 대가 또한 당연히 자신에게 돌아오는 것이다. 생명은 바로 음식인 것이다. 음식은 또한 세상에서 공급을 받는다. 세상은 하늘과 땅이다. 그러므로 모든 물건은 그 재료가 되는 땅에서 얻어지는 생명과 같다는 것이다.

나이가 들수록 장수를 하고 싶다면 마시는 것을 절제하고 그 양을 엄격하게 조절할 때 가능한 것이다. 이것이 복록수의 복을 받는 것이다. 복과 녹(봉급)과 수(장수)를 통틀어 이르는 말이다. 지금 시중에 돈을 버는 방법은 넘쳐나지만, 음식을 절제하고 줄이라는 책이나 유튜브는 많지 않다. 거꾸로 생각하면 그만큼 복록수를 누리고 있는 사람이 절대적으로 적다는 뜻이기도 하다.

결론적으로 성공, 출세, 행복 등 부귀영화, 자식과 가문의 안정, 건강하고 장수를 바란다면 음식을 절제하는 것을 배워야 한다. 훈련을 해야 한다. 당장 밥공기의 양의 줄이고 간식을 안 먹는 것이 복록수의 비결인 것이다. 돈을 많이 버는 것이 너무나 중요하다. 그러나 그 재물을 복된 사람과 사용하고 행복한 인생을 살아가는 것은 몇 배 더 중요하다는 것을 알아야 한다. 관상보다는 음식을 절제하는 것이 돈을 버는 것만큼이나 몇 배가 중요하다는 것을 명심해야 한다. 돈을 잘 버는 방법은 조금만 연구하면 금방 찾을 수 있다. 그러나 음식조절이 같이 될 때 벌고 있는 돈을 지속적으로 관리하고 유지할 수 있는 것이다.

> 용기가 없는 사람에게는 어떤 좋은 일도 생기지 않는다.
> - 마르쿠스 아우렐리우스 -

6.
올해 한 해
창대하게
돈을 벌 수 있다.

「주역」

6.
올해 한 해 창대하게 돈을 벌 수 있다.

「주역」

　사람이 살면서 팔자를 한번 바꿀 수 있을까? 생각해본 적이 있을 것이다. 매년 초에 점치는 곳이 대박인 이유도 새해에 나에게 어떤 좋은 일 안 좋은 일이 생길 것인가가 궁금해서 타로를 보고 점을 치는 것 같다.

　필자는 대전 예뜰순복음교회를 33년 다녔고 2023년 6월에 장로 임직을 받았다. 그래서 점이나 타로는 하지 않는다. 그러나 「주역」책을 읽을수록 매력이 있다는 것을 알게 되었다. 「주역」은 오늘 나의 마음이 바뀔 수만 있다면 나의 행동의 바뀌고, 과거와 미래가 반드시 바뀐다는 사실을 말하고 있기 때문이다. 필자가 많이 읽는 성경도 같은 맥락이다. 성경이라는 2천 년이 넘은 책을 읽을수록 마음이 뜨거워지고 나의 잘못된 생각과 말들이 다듬어지고 정리된다. 그래서 성경책을 읽고 은혜를 받으면 제일 먼저 가까운 가족, 이웃, 고객들에게 잘하게 되고 좋은 것을 드리게 된다. 그러면 그분들도 좋은 것을 적합한 때에 나에게 복된 것을 줄 수밖에 없다. 이것이 성공하는 사람들의 선순환이다. 물론 잘 안 될 수도 있다는 생각도 함께 가지고 베풀어야 한다.

사서삼경에서도 삼경이 시경(詩經), 서경(書經), 역경(易經)이고 주역인 역경이 제일로 쳐주는 이유이기도 하다. '주역'은 주나라의 역이라는 뜻이다. 원래 역경은 주나라가 아닌 은나라(기원전 1600년경~기원전 1046년경) 점치는 사람들이 정립을 했다. 그러다가 은나라가 망하고 주나라가 들어서면서 주나라 사람들이 주역이라고 전해진 것이라고 한다. 그래서 역경은 '역(易)'에 대한 경전이다. 여기서 역(易) 은 세상 만물의 이치를 말하는 것이다. 즉, 갑골점을 통해서 하늘의 계신한 세상 만물의 전개와 이치를 글로 적어서 말하는 것이다.

역경을 너무 좋아했던 공자를 언급하지 않을 수 없다. 공자는 역경을 늘 지니고 다녔고 잠잘 때 머리맡에 두었다고 한다. 그리하여 책을 묶은 가죽끈이 세 번이나 끊어지도록 역경을 읽고 깨달아 「위편삼절」이라는 고사를 남기기도 했다. 인생의 위기 때마다 역경을 통해서 잘 넘어갔다고 한다. 정말 대단한 책인 것이다. 성인들이 그토록 사랑한 이유가 있는 것이다. 필자는 이제 두 번 정도 읽은 것 같다.

하늘의 계시를 기록한 역경은 이 세상에서 일어나는 결과를 길, 흉, 회, 린 네 가지로 말을 한다. 길(吉)은 바라는 것을 얻는 경우, 흉(凶)은 원하는 것을 얻지 못하는 경우, 회(悔)는 바라는 것을 얻긴 했는데 무언가 걸리는 것이 있다(미련, 아쉬움, 회한 등). 린(吝)은 바라는 것을 얻지만 결과가 인색한 경우를 가리킨다.

은나라의 점인들이 보기에 세상에 길흉이 존재하는 이유는 '정한 사람이 이기도록 하기 위함'이다. 필자는 길흉을 넣은 이유를 이해하기 어렵다. 그냥 길(吉)을 주면 되지 않나, 생각했다. 그러나 길(吉) 사이에 흉운을 넣는 이유는 약삭빠른 사람이 길운을 다 차지할 수 있기 때문이다. 그래서 흉운을 인생사에 넣음으로써 흉운에도 불구하고 꺾이지 않는 마음을 유지하는 사람들이 결국에는 이기도록 만들어 놓은 것이 세상의 이치라는 것이다. 즉, 사람이 고난을 통과할 때 사람의 속사람이 단단해진다는 뜻이다. 찬 서리를 여러 번 견디고서야 사과에 깊고 오묘한 맛이 들어간다. 우리가 아는 꿀사과가 되는 원리이다.

예전에 베스트셀러 중에 김난도 교수님의 「아프니까 청춘이다」가 히트한 적이 있다. 패러디도 많았다. 이 세상에서 모든 열매는 이렇게 찬 서리와 비바람을 통해서 맛이 들고 성장한다는 뜻이기도 하다. 그래서 고난과 어려움을 두려워할 필요가 없다는 것이다. 대신 고난 앞에서 움츠러들지 말고 두려워하지 말아야 한다. 그래야 고난의 의미가 있는 것이다. 찬 서리를 통해서 사과가 바닥으로 떨어져 썩는 경우도 있기 때문이다. 그러면 인생에서 의미가 없어진다. 인생을 살면서 고난 겪는 사람을 볼 것이다. 어떤 사람은 고난 이후에 더욱 성숙한 사람이 된다. 고난이 그 사람을 망하게 하는 것이 아니다. 고난을 통해서 내가 낙망하고 낙심이 크면 그때는 어려워지는 것이다. 낙망만 하지 않으면 고난은 어느 순간 통과하게 되어 있다. 그리고 사람이 고난보다 강하게 창조된 것을 알아야 한다. 또 어떤 사람은 고난을 통해서 폭삭 망하는 사람을 보게 된다.

최근에 유행했던 유행가 가사를 보라. '내 운명을 사랑하라.' 라틴어로 '아모르 파티(Amor Fati)'라는 말이 한참 유행했다. 아모르 파티의 조건이 바로 운명이 있음을 아는 것이다. 자신에게 주어진 명이 있음을 알 때 가시밭길을 기꺼이 즐거운 마음으로 걸어갈 수 있는 것이다. 자신의 운명을 사랑할 수 있는 것이다. 어차피 반복될 예정이라면 내 운명을 사랑하고 후회하지 않을 삶을 만들 것을 권한다는 뜻이다. 이것을 모르면 아모르 파티는 불가능한 것이다. 파티(Party)가 아니라 지옥이 될 수 있는 것이다.

나의 운명을 사랑하고 받아들인다는 것은 멋진 말이고 발전시켜 나간다는 것은 정말 성숙한 운명에 대한 태도이자 예의하고 말할 수 있다. 이것은 기독교의 겸손과도 많은 면에서 비슷하다. 겸손이라는 것은 사전적으로 남을 존중하고 자기를 내세우지 않는 태도를 말한다. 기독교의 겸손은 실력을 키우고 태도를 낮추는 것을 말한다. 실력 없이 낮추기만 하는 태도는 비굴해 보일 수 있기 때문에 실력을 키워야 겸손해질 수 있다는 뜻이기도 하다. 무엇보다도 자신의 운명을 알지 못하는 사람은 자신의 삶의 의미를 알 수가 없다. 자신이 어디로 가고 있는지 알 수 없다. 자신의 운명을 사랑하는 사람은 지나온 과거의 삶을 사랑해야 한다. 인간의 삶에서 제일 중요한 것은 미래가 아니라 과거라는 사실을 알아야 한다.

나의 부모님이 평범하다는 사실, 나의 학력이 고졸·대졸인 사실, 나의 주변에 특출난 사람이 없다는 사실 등 이런 평범한 사실을 인정하고 과거를 소중하게 여겨야 한다. 미래가 밝아지는 것은 나의 과거를 소중하게 여기고 나의 태도가 겸손해질 때 미래를 바꿀 수 있다는 것이 중요한 포인트이다.

필자의 과거 중에 힘들었던 일화가 있다. 작은아버지의 사업으로 인해서 우리 아버지가 보증을 섰는데, 그로 인해서 아버지의 월급이 50% 압류되었다. 아버지는 죄책감 속에서 20년을 살아오셨다. 그래서 필자는 이 과거의 사건과 사실을 인정하고 겸손하게 접근해야 한다. 아버지가 잘못한 것이 아니다. 그저 금융 지식이 짧았고 사람을 잘 믿은 것이 화근이 되었던 것이다. 그래서 필자는 금융 지식을 공부하기 시작했고 이 분야에서 20년 넘게 나를 지지하는 1,500명의 고객님들과 행복하게 살아가고 있다.

필자는 행복한 사람이다. 만약에 돈 때문에 사람을 믿지 못하고 여전히 작은아버지를 원망했다면 필자에게 이런 좋은 기회와 상황이 오지 않았을 것이다. 나를 붙잡는 과거의 어두운 면들은 그 누구의 잘못도 아니다. 내가 공부하고 조심하고 개선하고 반성하면 된다. 하지만 두 번을 실수하면 일부러 한 것이라고 생각한다. 깊이 반성해야 하는 것이다. 이것이 「주역」에서 말하는 팔자대로 사는 것이다. 누구 탓으로 계속 돌리기에는 정말 창피한 태도인 것이다. 그런 사람은 미래가 바뀔 수도 없고 현재의 좋은 기회를 불평으로만 하소연할 뿐이다. 미래가 변하는 것은 하소연, 불평이 아니라 과거를 사랑하고 현재 삶의 태도와 생각이 변화될 때만이 미래가 바뀌는 것이다. 이것을 명심해야 한다.

 분석심리학의 창시자 '카를 융'은 모든 인간의 내면이 불균형하다고 정의했다. 이런 불균형은 꼭 필요하다는 사실을 지적한 바가 있다. 사람이 무언가를 생각하고 행동한다는 것은 불균형이 꼭 필요하다는 것을 말했다. 융에 따르면 원시 사회일수록 불균형이 적다고 말한다. 지금의 시대가 가장 부자와 가난한 사람의 격차가 큰 시대다. 전체 사회의 2%가 전체의 부를 90% 차지하는 것도 안타까운 현실이다.
 윤동주의 서시에서 보면,

죽는 날까지 하늘을 우러러
한 점 부끄럼이 없기를,
잎새에 이는 바람에도
나는 괴로워했다.

 윤동주의 서시가 사랑받은 이유는 누구나 무의식중에 하늘을 우러러 한 점 부끄럼이 없기를 바라고, 자기에게서 모나고 결핍된 부분을 괴로워하기 때문인 것 같다. 윤동주는 스스로를 반성하고 돌아보면서 자신의 영혼이 살아있다고 반증하는 것이다. "나는 자유인이다!" 외치는 것 같다.

칼융의 '그림자 이론'을 살펴보자. 자신을 늘 따라다니는 결핍, 결점, 상처, 불균형 등을 각자의 그림자라고 설명한다. 예를 들어서 '나는 화를 내지 않는다.'라고 믿는 사람은 분노를 억압하고 그 분노가 그림자로 작용해 다른 방식으로 나타날 수 있다는 것이다. 그러나 인간은 이런 그림자를 피해 도망치는 것도 당연하다고 말한다. 「주역」에서 말하는 것이 바로 자기의 인생에서 도망치는 것을 '팔자가 꼬였다'고 말하는 것이다. 팔자가 꼬인 사람을 자세히 보아라. 그의 인생에서 정면으로 살고 있는 사람인지, 아니면 아주 많은 이유와 합리적인 근거를 제시하고 도망 다니는 인생인지 알 수가 있다.

필자도 보험회사 초기에는 매일 1등 하는 사람들이 부러웠고 늘 그들 앞에서 작아지는 것 같았다. 그러나 나의 리듬대로 움직였고 조금씩 성장하면서 두각을 나타내기 시작했다. 그래서 의식적으로 나의 운명과 상황에 '아모르 파티'를 외치고 사랑해야 미래의 운명이 변할 수 있고 축복을 누릴 수 있는 것이다.

한국계 미국인으로서 최근에 수학 분야의 노벨상인 필즈상을 수상해 유명해진 허준이 교수가 서울대학교 졸업식에 연사로 축사를 한 말이 화제가 되고 있다.

"학위 수여식에 참석할 때 감수해야 할 위험 중 하나가 졸업식 축사입니다. 그리고 우연과 의지와 기질이 기막히게 정렬이 될 때 크게 성공한 사람이 될 수 있습니다."

허준이 교수는 어린 시절, 구구단을 못 외울 정도로 수학에 관심이 없었고 심지어 고등학교 시절에는 건강상의 이유로 자퇴하기도 했다. 그리고 시인이 되고 싶어서 도서관에서 글만 쓴 적도 있다고 한다. 이렇게 엉뚱한 친구가 프린스턴대학교의 종신교수이자 고등과학원의 석학교수라는 타이틀을 갖고 있고, 2022년 수학계의 난제를 11개나 해결해서 세상을 놀라게 했다. 이렇게 허준이 교수는 자신의 팔자를 받아들이고 본인의 약점을 하나씩 인정하면서 한 걸음 한 걸음 전진한 것이다. 그리고 본인이 말하는 우연과 의지와 기질이 하나로 정렬되는 순간 열매를 맺게 된다는 것을 본인도 알게 된 것이다. 운칠기삼(運七技三)이라는 사자성어가 있다. 성공한 분들이 "항상 운이 좋았습니다." 말을 하면서도 본인의 실력을 위해서 매일 노력한다는 사실을 잊으면 안 된다고 생각한다. 그래서 자신의 팔자로부터 도망치지 않고 정면승부를 했다는 것이다. 그러나 팔자로부터 도망치는 순간 모든 것이 꼬이게 되어 있다는 것을 명심해야 한다.

역경은 이처럼 각자에게 있는 성질, 특성, 가능성을 힘써 나타냄으로 명(命)에 이르는 것이 인생이라고 말한다. 즉, 하늘의 명을 이루기 위해서 매일 매일 한 걸음씩 전진하는 것이 인생이라는 것이다. 정말 재미있지 않은가? 그래서 인생의 도(道) 라는 것이다. 인생의 길을 가면서 64개의 도를 깨닫는 것이 주역의 64괘인 것이다.

　필자는 2024년 기준으로 50세가 되었다. 공자는 오십에 비로소 '지천명'이라고 했다. 하늘의 뜻을 이제 알 수 있는 나이가 되었다. 필자의 경우에도 돈 버는 것이 최고인 줄 알고 한평생 달려왔는데 몸도 아프고 가까운 사람들이 갑자기 돌연사하는 것을 보게 되었다. 이를 통해 물질은 그저 소소한 것임을 깨닫게 되었다. 자신의 천명이 무엇인지 알게 된 것이다. 그래서 필자는 50세가 좋다. 즉, 물질의 집착을 버리고, 하늘이 원하는 명(命)을 실천하려고 하는 나이가 된 것이다. 이러한 낙천의 경지는 신의 경지라고 말할 수 있다. 골프에 대해서 '힘을 빼는데 3년, 힘을 주는 데 3년이 걸린다'라고 한다. 어디 골프만 그런가? 모든 운동이 다 그렇다. 세상만사가 다 그렇게 되었다. 너무 어깨에 힘이 들어가 있으면 도리어 일이 되지 않는 것이다. 인생의 일에서는 그와 같이 신의 경지에 오르는 데에 시간이 더 걸리는 것이 확실하다. 그래서 오십이 되어야 그러한 경지에 오르는 것 같으며 그래서 오십이 인생의 황금기인 것이다.

　「주역」에 보면, "극상의 자리에까지 양 기운이 이르니, '항룡의 상이로다.'" 극상의 자리까지 양의 기운이 이르렀다. 하늘에 오르기 전에는 하늘만 올라가면 더할 나위가 없었다. 그러나 하늘에 올라 비룡의 삶을 살면서 더 바랄 것이 없다고 생각했다. 그러나 막상 하늘에 오르고 나니 이제 더욱 높은 곳에 오를 수도 있다는 욕심이 발동하는 것이다. 욕심으로 인해서 극상의 자리에 탐하고 그 상의 자리에 오르려고 용을 쓰게 된다. 그리고 후회가 따른다고 경고하는 것이다. 이것은 항룡의 욕심이 바로 하늘과 땅과 사람이 모두 미워하는 가득한 것에 해당이 된다. 극상으로 가려고 욕심이 똘똘 뭉친 것이다. 이 단계가 되면 귀신도 끌어내리고 사람도 끌어내리는 단계인 것이다. 우리가 잘 알고 있는 욕심이 화를 부른다는 뜻이기도 하다. 필자는 이 단계가 궁금하다. 비룡으로 남을 것인가? 더욱 준비해서 항룡이 될 것인가?

어려운 질문이다. 필자는 덕을 세우고 기도하고 천천히 항룡을 준비하라고 말하고 싶다. 덕을 세우지 않고 기도로 준비도 없이 해보자, 하면 된다는 정신은 아주 욕심의 단계인 것이다. 욕심을 버리고 선을 베풀면서 나아가야 한다. 인문고전에 '두량족난복팔분(頭凉足煖腹八分)'이라는 말이 있다. 머리는 시원하게, 발은 따뜻하게, 배는 가득 채우지 말고 조금 부족한 듯 80%만 채우라는 뜻이다. 결국 스트레스를 피하고 과식을 피하는 것이 장수의 비결이라는 뜻이기도 하다. 세상만사가 80% 넘게 이익을 내려면 과욕이 생기고 탈이 나게 되어있다. 주식이든 부동산이든 코인이든 말이다. 가끔 대출받아서 투자하거나 신용대출로 주식을 하는 분들이 폭삭 망하는 경우가 있다. 항룡을 꿈꾸었기 때문이다. 준비 없이, 계획 없이, 한 번에, 한 키에 해보자는 것은 반드시 망하게 되어 있다. 필자도 한참 코인이 잘 될 때 대출받을 생각을 몇 번이나 했다. 그러나 안 받기를 정말 잘했다. 욕심을 버린 것에 정말 감사하다. 그래서 인생사가 거저 이루어지는 법은 없다. 그러므로 이러한 인간의 성숙 역시 나이를 먹는다고 저절로 이루어지는 것이 아니다. 어제와 다른 인생을 살려고 부단히 노력하고 인문고전을 읽고 기록할 때 미래가 조금씩 변한다는 것이 주역의 패이기도 하다.

오십에 이른 사람은 이제 자신의 인생을 완성해 내기 위해서 사투해야 한다. 씨름에서 상대편을 넘기기 위해서 사투하는 것처럼 말이다. 건신대학원대학교 총장님의 설교 중에 사투하라는 말씀을 전해 주신 적이 있다. 인생의 한 걸음을 사투하며 살아가라는 말씀이 정말 찡하게 마음에 남아있다. 그래서 오늘 하루 글 쓰는 이 시간에 사투를 해야 한다. 오늘 하루가 정말 소중한 것이다. 그래야 나에게 주어진 나쁜 운명을 바꾸고 창조자의 순리대로 살아갈 수 있는 것이다. 이것이 인생의 원리이다. 그래서 복팔분의 의미는 너무나도 중요한 원리이자 원칙인 것을 빨리 깨닫고 실천하는 사람이 성공으로 한 걸음 나아간다는 뜻이기도 하다.

빅토르 위고는 사람의 나이 오십 대가 '제2의 질풍노도기'라는 것을 정확하게 지적했다. 요즘은 오십 세 전후 중년기를 사추기(思秋期)라고 말한다. 오십에는 크든 작든 중년의 위기가 없을 수 없는데, 이는 오십에 치러내야 하는 통과 의례와도 같다. 청년으로 바로 서기 위해 치러내야 하는 사춘기의 통과 의례가 열병이라면, 오십 사추기에 감당해야 할 통과 의례이기도 하다.

「주역」에 보면 '통변지위사(通變之謂事)'. 변덕을 관통해 내는 것을 일러 사람의 일이라고 한다. 즉, 천명이란 '자기에게 일어나는 변덕스러운 우연을 모두 관통해 내는 것'이다. 그래서 하늘의 뜻을 이루어 내는 것을 말한다. 필자는 기독교인이다. 그리고 예뜰순복음교회 장로이다. 신앙에서도 하나님의 뜻을 이루어 내는 것을 '미션'이라고 한다. 이것을 완성시키는 것이 크리스천의 사명이다. 필자는 「주역」을 통해서 하나님의 뜻을 더욱 잘 알게 되었다. 신기하고 감사할 뿐이다. 그래서 인문고전과 책을 가까이해야만 하늘의 뜻을 알고 고치고 한 걸음 나아갈 수 있는 것이다. 역경의 마지막은 '이인동심 기리단금 동심지언 기취여란(二人同心 其利斷金 同心之言 其臭如蘭)'. 두 사람의 마음이 같이 하면 그 예리함이 쇠라도 끊을 수 있고 마음을 같이할 때 나오는 향기는 난꽃과 같다.

이런 마음 맞는 사람과 사업을 하게 될 때 못 오를 산이 없고 겁낼 것이 없는 것이다. 사회생활에서 일이 힘든 것이 아니라 사람이 힘든 것이다. 인생사에서 비인(非人)을 절대적으로 피하고 군자와 대인을 만나기 위해서 내가 대인과 군자의 덕을 갖춘다면 조만간 귀인을 만나서 이루고자 하는 하늘의 꿈을 반드시 이룰 것이다.

이렇게 주역의 64괘와 본인의 기질과 마음을 다해서 하늘의 뜻을 이루어 가는 과정에서 길과 흉이 섞여 있고 이것을 끈기 있게 헤쳐 나가는 것이 인생이라는 것이다. 부자로 가는 길도 비슷하다. 주식처럼 우상향하는 날이 있고, 코인처럼 나락으로 떨어지는 순간이 올 수도 있다. 그때 일희일비하지 말고 우보천리의 마음으로 한 걸음 나아가는 것이 제일 중요하다. 마음이 제일 중요하다는 것을 명심해야 한다. 투자에서도 주식, 코인, 부동산 3가지 중에 한가지는 전문가 되어야 한다. 그래야 자본주의에서 부자가 될 수가 있다. 그리고 투자한 물질이 나락으로 가더라도 결코 흔들려서는 안 된다. 떨어지면 일명 물타기를 해서 기쁜 것이 아니다. 맹자의 「고자장」에서는 '하늘이 그 사람에게 큰 사명을 줄 때는 반드시 마음과 뜻을 흔들고 고통을 주고 그 힘줄과 뼈를 굶주리게 하여 그가 하는 일을 어지럽게 한다' 라고 했다. 하늘의 사명을 감당할 수 있도록 그의 역량을 키워주기 위함이라고 했다. 내가 지금 힘든 상황이라면 혹시 하늘이 날 테스트하고 있는지 살펴봐야 한다.

　그래서 하늘의 테스트를 잘 통과하기 바란다. 그리고 그 향기에 취하는 날이 속히 오기를 필자는 간절히 바란다.

> 신은 용기 있는 사람을 결코 버리지 않는다.
> – 헬렌 켈러 –

7.
무식하고
어리석은 자들만
행복한 세상

「우신예찬」 - 에라스뮈스

7.
무식하고
어리석은 자들만
행복한 세상

「우신예찬」 - 에라스뮈스

　에라스뮈스는 네덜란드 출신의 신학자이자 사상가, 인문학자이다. 1446년 네덜란드 로테르담에서 가톨릭 사제의 혼외자로 태어났다. 9세 당시 최고의 라틴어 학교에 들어가 공부했고, 21세에 아우구스티누스 수도원에서 수도사로 생활하면서 5년 후 가톨릭 사제로 서품 받았다. 이 시기에 에라스뮈스는 그리스의 고전을 읽고 비판적인 지성과 글쓰기의 능력을 키웠다. 1495년에 파리대학 신학부에서 공부했고 영국으로 건너가 유토피아를 쓴 토머스 모어를 비롯해 영국의 인문주의자들과 깊은 교제를 나누었다.

　개인적으로는 인문학의 거장인 토머스 모어를 만난다는 것은 참으로 부럽다. 그 결과 부패한 가톨릭교회와 어리석은 현자들의 위선을 풍자한 「우신예찬」이 출간되었고, 당시 무르익어가는 종교개혁에 촉매로 작용했다. 1559년 이후에는 가톨릭교회의 금서로도 목록에 올라갔다. 우신예찬은 당시 39쇄가 나올 정도로 인기가 좋았다. 지금도 책이 출판되면 유명한 사람이 아닌 이상 5쇄 찍기도 어렵다. 「우신예찬」에 대해서 살펴보겠다.

"장담하건대 신들과 사람들의 마음을 즐겁게 해주는 능력을 갖춘 자는 나 말고는 없다. 내가 여기 구름처럼 모여든 군중 앞에서 연설하기 위해 연단에 오르자마자, 어떤 새롭고 예사롭고 예사롭지 않은 기쁨으로 모두의 얼굴이 갑자기 밝아지고 이마의 주름이 금세 펴지며 환한 웃음으로 내게 박수갈채를 보내는 것이 강력한 증거이다."

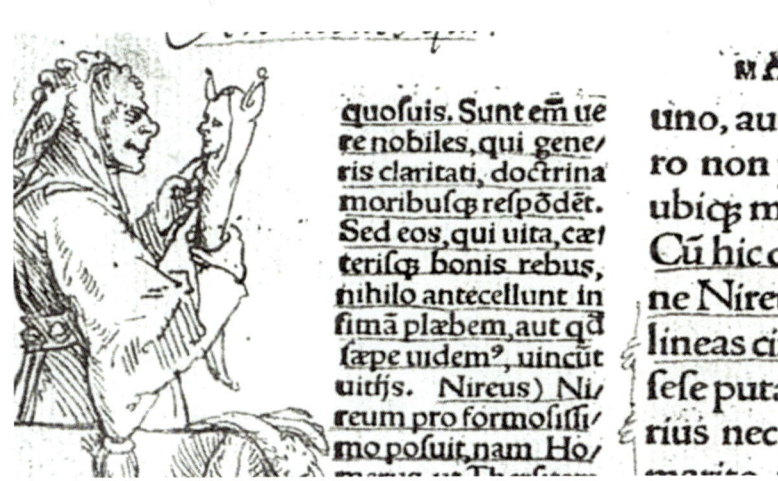

우신예찬

이렇게 우신은 등장하자마자 모든 사람이 반기며 행복해진다는 것이 또 하나의 증거이다. 내가 바로 우신이다.

우신을 이렇게 소개한다. "나는 어떤 치장도 하지 않아 마음속에 있는 것들이 고스란히 드러나기 때문에 나를 위장하거나 감추는 것은 불가능하다. 또한 나와 같은 부류면서 현자임을 자처하는 사람은 특히 그러하다."

우신을 읽으면서 이것이 칭찬인지 바보라고 하는지 알쏭달쏭할 때가 많다. 현자라고 치켜세우다가도 세상 바보라고 말하고 다시 칭찬하니 정말 알 수가 없다. 카네기 화법에서는 샌드위치 화법이라고도 한다. 충고할 때 또는 하고 싶은 말을 할 때, 먼저 작은 칭찬을 한 뒤에 하고 싶은 말을 하고, 그리고 다시 칭찬하는 방법이다. 실제로도 효과가 있다고 한다. 그래서 「우신예찬」이 유명해진 것 같기도 하다.

눈썹을 치켜뜬 자는 분명 필라우티아(자아도취), 콜라키아(아부), 반쯤 졸고 있는 레테(망각), 미소포니아(태만), 헤도네(쾌락), 아노이아(경솔), 피부에 윤기가 나고 혈색이 좋아서 살이 통통하게 오른 자는 트리페(방탕), 코모스(광란), 네그레토스 휘프노스(깊은 잠)라고 한다. 이들은 우신의 충직한 가솔들이고 우신은 이들의 도움을 받아 온 세상을 지배하며 위대한 통치자로 군림하고 있다. 이렇게 세상을 어지럽히고 안 좋다고 배운 것들을 자기의 식구라고 소개하며 이들의 공로를 인정한다. 「우신예찬」의 수준이 생각보다 높다는 것을 이 대목에서 알 수 있는 것이다.

우리나라에선 '친구 따라 강남 간다'라는 속담으로 말할 수 있다. 그래서 부모님들이 친구들을 잘 사귀라고 늘 이야기하는 것이다. 에라스뮈스가 말한 친구들 특히 경솔, 광란, 방탕, 자아도취는 조심해야 하는 친구라는 사실을 은유적으로 말하는 것이라고 할 수 있다. 늘 말하는 것이지만 본인이 자주 통화하고 만나는 지인들 5명의 연봉을 합산해서 나누면 본인 연봉이 되는 것이다. 그래서 나보다 훌륭하고 배울 점이 있는 친구, 선배를 만나야 할 이유가 여기 있는 것이다. 필자의 친구들은 나이가 보통 10살이 많다. 대부분 사회에서 자리를 잡았고 작은 벤처 기업대표, 직원 20명 이상의 슈퍼 회장님, 회사의 임원분들이 많다. 이들하고 이야기하면 편하고 세상 사는 이야기를 하며 밤을 새우기도 한다. 다시 한번 한 분, 한 분께 감사를 드린다. 나의 연봉을 올려주셔서 감사하다.

우신이 말하길 "만물을 존재하게 하는 것은 피타고라스가 말한 4개의 수(1, 2, 3, 4)가 아니라 바로 그곳입니다. 현자들이 말한 결혼을 득실을 따졌다면 어떤 남자가 자청해서 자기의 입으로 결혼이라는 재갈을 물리려 하겠습니까? 출산의 위험과 산고, 양육의 괴로움을 알고 있거나 짐작이라도 했다면 어떤 여자가 남자를 받아들이고 살겠습니까? 결혼은 나의 시녀 경솔에서 비롯되었고, 결국 생명이 내게서 비롯된다는 것을 의심할 여지가 없습니다."라고 했다. 정말 맞는 말 같다. 결혼 정년을 맞이한 남녀의 뇌에선 도파민이 엄청나게 분비된다고 한다. 그래서 상대가 예뻐 보이고 사랑스러워 보이는 것이 우신의 역할이라고 하니 인정할 수밖에 없다. 이 세상이 돌아가는 것이 우신의 역할인 것이다. 세상은 이성적으로 돌아가는 것 같지 않아서 재미있다.

우신은 이렇게 이야기한다. "우신 덕분에 인생의 모든 시기, 특히 노년기를 즐겁게 보낼 수 있다"라고. 거짓말 보태지 않고 정말 눈 깜짝할 사이에 시간이 흘러서 소년은 훌쩍 커서 어른이 되고 경험과 교육이 융합되어 점점 지혜로워진다. 그러면 화려했던 시간은 점점 사라지고, 쾌활함도 시들고, 활기도 떨어진다. 결국 인생의 고통스러운 노년기가 찾아온다. 그러면 우신은 시녀 '망각'이 관장하는 샘으로 데리고 간다. 노인들이 이 샘물을 마시면 마음속에 근심과 걱정이 서서히 희석되면서 다시 어린아이로 돌아가게 된다. 정말 놀라운 일이 아닌가? 또한 노인들은 이제 분별력이 없고 어리석어진다. 사람은 늙을수록 점점 어린아이에 가까워진다. 그래서 인생의 고단함을 느끼지 않고 죽음을 의식하지 않으면서 이 세상을 떠날 수 있는 것이 우신의 역할이라고 말한다.

최근, 필자는 죽음에 대해서 생각해 보았다. 잘 죽을 수 있도록 준비해야 한다. 잘 죽을 수 있어야 잘 살 수도 있는 것이다. 인생의 최종 목적지에 죽음이라는 팩트가 기다리고 있다. 이것을 철학적으로 정리해야만 한다. 신앙이면 베스트이다. 그렇지 않으면 중국의 진시황제처럼 불로초를 구하기 위해서 엄청난 재정과 사람을 희생시키는 아주 나쁜 상황이 생길 수 있기 때문이다. 진시황제는 그 많은 것을 소유하고 있어도 나에게 없는 영생이라는 엉뚱한 것을 가지려고 남은 인생을 집착하고 허비하는 결과를 만든 것이다. 필자도 나에게 있는 것을 감사하기 보다는 없는 것 한 가지에 꽂혀서 불평하며 살아가기가 쉽다. 그래서 우신이 말하는 망각이 관장하는 샘에서 물을 마시든지 아니면 죽음을 철학적으로 준비해야 오늘이라는 행복한 하루의 인생을 살아갈 수 있는 것이다. 필자는 우신이 천재라고 생각한다. 사람들은 자신을 냉철하게 체크해주는 것을 절대 원하지 않는다. 그래서 우신을 만들어내서 세상을 바라보는 것이다.

「우신예찬」에서 우신은 "철학자들은 일상에서 아무 쓸모가 없다"고 말한다. 철학자가 대화에 끼어들면 마치 우화에 늑대가 등장할 때처럼 갑자기 모든 대화가 끊어지고 만다고 조언한다. 그리고 철학자들은 사회생활에 필요한 일들에 미숙하며 그 이유가 대중의 생각이나 습관과 동떨어져서 있기 때문이라고 꼬집는다. 그 당시 철학자들이 얼마나 부패했는지 간접적으로 말하는 것 같다. 철학자는 그 당시 엘리트 집단이었다. 철학자들이 해야 할 일들을 하지 않고 자신들의 부정 축적에 혈안이 되어 있기 때문이다. 그 사회의 리더들은 서민들의 생활 안정과 물가를 잡고 일자리를 만들고 살기 좋은 제도를 만들어갈 때 존경받고 인정을 받는 것이다. 이것을 등한시하고 다른 일을 열심히 하면 이렇게 우신이 칭찬을 아끼지 않는 것이다.

우신은 어리석은 자들이 군주의 총애를 받는 이유를 말한다. 현자라는 사람은 군주에게 우울한 이야기만 한다. 자신들의 학식만 믿고서 군주의 여린 귀를 후벼 파서 상처를 내곤 한다. 반면에 얼간이들은 언제나 군주들이 원하는 것을 말한다. 재담, 웃음, 폭소와 즐거움을 군주에게 제공한다. 군주가 누구를 좋아하겠는가? 얼간이, 명청이들을 좋아한다는 말이다. 필자도 나이가 들면서 쓴소리하는 사람이 점점 줄어들고 있다. 얼간이들이 주변에 점점 많아지는 게 사실이고 현실이다. 쓴소리하는 사람이 옆에 있다는 것은 축복이다. 그러나 쓴소리하는 사람, 조언을 하는 사람의 말을 듣지 못하는 경우가 허다하다. 그래서 인생의 열매도 없고 재미도 없고 불평불만이 늘어날 수밖에 없는 것이다. 말세에는 조언도 듣기 싫고 자기가 좋은 것만을 좋아하고 선생도 두기 싫어한다는 것이 정말 맞는 말인 것 같다. 사람은 뼛속까지 이기적이고 자신만 알고 있다는 것을 간파해야 한다.

우신의 아부 파트도 재미있다. 아부 중엔 명백히 해로운 아부도 있다. 그러나 우신의 아부는 낙심한 마음을 일으켜 세워주고, 우울해하는 사람에게 위안을 주고, 멍하니 있는 사람을 일깨워주고, 병자의 고통을 덜어주고, 사나운 심사를 부드럽게 해주고, 아이들에게 열심히 공부하고 싶은 마음을 불러일으키고, 노인들을 즐겁게 해주며, 군주가 마음이 상하지 않도록 칭송하듯이 조언하고 가르친다. 정말 우신의 아부는 인생에서 꼭 필요한 아부임이 틀림없다.

필자는 보수적인 아버지 밑에서 성장했다. 아부보다는 성실히 일하고 자기 맡은 것에 최선을 다하는 것이 최고라고 배웠다. 카네기 교육중에 2급 공무원과 서로 나누는 시간이 있었다. 높은 지위까지 올라간 분들과 이야기하다 보면 그 사람의 마음을 알고 원하는 것을 해줄 사람이 필요하다는 것을 느끼게 된다. 바로 그런 사람이 아부를 잘하는 사람이라는 것을 알고 정말 놀란 적이 있다. 이렇게 아부는 사람을 성장시키고 폭넓게 만든다. 그러나 미디어에 비치는 아부의 잘못된 부분을 보면서 어그러진 프레임이 생긴 것이다. 다시 한번 반성하고 우신께 감사한다.

신학자도 재미있다. 그들에 대해서는 아무 말도 하지 않고 그냥 지나치는 편이 제일 좋다고 한다. 왜냐면 카마리나 늪이나 아나기리스의 독초는 건드려서 좋을 것이 하나도 없기 때문이라는 설명이다. 그들은 놀라울 정도로 거만한 데다 아주 예민해 쉽게 화를 내는 자들이다. 혹시라도 내가 비위를 거스르는 말을 하면 그들은 수백 개의 결론을 가지고 떼로 달려들어 그 말을 취소하라고 하고, 거부하면 즉시 나를 이단으로 몰아간다고 한다. 그들은 자기 마음에 들지 않는 사람에게 그런 식으로 겁을 주는 습관이 몸에 배어 있기 때문에 그냥 무조건 피해 가는 것이 최고라고 경고한다. 얼마나 신학자들이 부패했는지 짐작이 간다.

영화 「밀수」를 보면 그와 비슷하다. 평화롭던 바닷가마을 군천에 화학공장이 들어오면서 하루아침에 해녀들이 일자리를 잃어버린다. 춘자(김혜수)는 바닷속에 던진 물건을 건져오면 큰돈을 벌 수 있다며 밀수의 세계로 안내한다. 그러면서 서로 속고 속이는 장면 속에서 가장 선하게 나오던 해양단속반 팀장이 나중에 가장 악한 사람으로 나타난다. 이렇게 착하게 보이는 사람은 항상 두 개의 얼굴을 하고 있을 확률이 높다. 그래서 논어에서도 화장을 잘한 사람을 항상 조심하라고 말하고 있다. 지금의 시대는 보이는 것을 쫓아가는 세상이다. 그래서 타이틀이 좋은 사람, 직함이 좋은 사람들에게 호감이 갈 수 있지만 항상 조심하고 확인해야 우리의 가족들이 다치지 않을 수 있다는 것을 명심해야 한다.

어리석어야 출세한다는 말도 흥미진진하다. 운명의 여신은 앞뒤를 생각하지 않고 대담하게 덤벼드는 사람들 주사위는 이미 던져졌다고 믿는 사람들을 사랑한다는 것이다. 반면에 지혜로운 사람들은 소심하고 겁쟁이가 되어버렸다. 그래서 현자들은 대체로 가난하고 굶주림과 헛된 희망 속에서 무시당하고 미움받고 이름 없이 살아가는 것을 당연히 여긴다. 그와 반대로 어리석은 자들은 돈을 긁어모으고 국정에 참여하여 나라를 이끌어간다. 정말 '만사형통'이라는 단어가 가장 잘 어울리는 인생을 살고 있다. 그래서 더 즐겁고 행복하게 인생을 살고 싶다면 무엇보다도 현자, 군주, 재판관, 고관대작, 신학자, 철학자 등을 벌레 보듯이 피해야 행복하게 살 수 있다고 말한다. 그리고 짐승처럼 사는 사람들을 가까이하는 것이 현명하다고 가르치고 마무리한다. 우신은 정말 우회적으로 그 사람들을 비판하고 알만한 사람들은 무슨 이야기를 하는지 다 알기에 가톨릭에서 금서로 정할 만한 이유가 있는 것이다. 자기들을 비유적으로 비판했으니 말이다. 「우신예찬」을 쓴 에라스뮈스는 가톨릭 교리를 비판했기보다는 가톨릭 성직자들과 신학자들의 부패가 문제라고 본 것이다. 문제의 본질을 정확하게 보는 통찰력이 저자에게는 있다는 것이다. 자본주의 시대에 돈을 버는 것도 마찬가지라고 생각한다. 남들이 장사하면 대박 난다는 '탕후루'를 보더라도 금방 알 수가 있다. 갑자기 한 집 건너 탕후루 가게가 생기면서 가격은 떨어지고 유행은 금방 빛이 바래는 것이다. 장사를 잘하는 분들 중에선 유행보다 조금 앞서서 비즈니스를 시작해서 권리금을 받고 다음 사람에게 던지고 나가는 전형적인 빌런(사기꾼)들이 있다. 아주 조심해야 할 사람들이다.

경기에 크게 영향을 받지 않는 국숫집, 김밥집을 성실하게 조용히 일하면서 돈 버는 사람들도 선수다. 필자가 아는 비즈니스 선수는 커피집이다. 빽다방, 메가, 그리고 대형카페까지 세 개를 운영하면서 서로서로 장단점을 보완하는 대표님도 계시다. 처음부터 커피집을 세 개를 운영한 것은 아니다. 기존에 화장품 가게를 여섯 개를 운영하면서 노하우를 쌓은 내공이 깊은 사업가이다. 화장품 업체들이 판매처를 인터넷으로 옮긴다는 것을 깨달아 화장품 가게를 몇 년 전에 접은 것이다. 그리고 카페로 갈아탄 것이다. 이렇게 돈이 많을 버는 사람들은 유튜브에서 말하는 사람이 아니다. 인문고전에서 깊은 사색을 통해서, '검색'이 아닌 '사색'을 통해서 시대를 보는 눈을 갖게 될 때 돈도 벌고 가치도 찾는 것이다.

「펠로폰네소스의 전쟁사(투퀴디데스 저)」는 말하고 있다. 코린토스인들은 자기의 주변국이 강한 이유를 찾았다. 그들은 세상으로 나가는 것을 주저하지 않는다. 바로 행동한다는 것이다. 오늘 집을 나가서 무엇이든지 얻어올 수 있다는 확신을 갖고 주변국을 정복한다는 것이다. 왜냐하면 인간의 심리는 2,500년 전이나 지금이나 비슷하고 역사도 계속해서 반복되고 있기 때문이다. 그래서 성공한 사람들, 부자들은 역사책을 손에서 놓을 수가 없다. 읽고 생각할수록 부자가 되는 것이다. 그래서 사람들이 불편하게 생각하는 것을 해결해주고 그 대가로 돈을 버는 직업들이 너무나 많다.

최근에 세차 정기권을 신청해 이용해보았다. 세차장 사장님은 세차라는 작은 불편한 것을 해결해주고 저렴한 금액으로 많은 자동차를 세차해주고 역대 연봉을 받는 것이다. 돈을 벌 수 있는 일들이 세상에는 널리고 널렸다는 것이다. 그러나 그냥 보면 보이지 않는다. 인문학을 공부하고 자세히 봐야 보이는 것이다. 도전하라. 남을 이롭게 하는 사업을 준비해서 바로 시작해라. 코린토스인의 눈으로 바라보라.

> 용기란 죽을만큼 두려워도 일단 한번 해보는 것이다.
> – 존 웨인 –

8.
소수의
의견을 통해서
돈을 버는 방법

「자유론」- 존 스튜어트 밀

8. 소수의 의견을 통해서 돈을 버는 방법

「자유론」 - 존 스튜어트 밀

　영국의 철학자이며 경제학자인 밀은 1806년 스코틀랜드 출신의 철학자이며 경제학자였던 제임스 밀의 장남으로 태어났다. 밀은 3세 때부터 그리스어를 배워서 8살에 헤로도토스와 플라톤의 저작들을 원어로 읽었다. 8세부터는 라틴어를 배워서 라틴어의 고전도 섭렵했다. 이렇게 엘리트의 코스를 가던 밀에게도 20세에 심각한 정신적인 위기가 온다. 신경쇠약과 우울증에 빠져서 자살까지도 생각한다.

　"사람은 어떤 행동을 함으로서만이 아니라 하지 않음으로서도 다른 사람들에게 해악을 끼칠 수 있기 때문에, 둘 중의 어느 경우이든 자신이 끼친 해악에 대해서 책임을 지는 것은 옳다." - 자유론, 50page

존 스튜어트 밀

　밀이 대단한 것은 행동함으로써 영향을 주는 것을 넘어서 아무것도 하지 않는 것도 해악을 줄 수 있다는 폭넓은 정의를 하면서 많은 것을 갖고 있는 계급사회, 즉, 많이 가진 자의 책임을 묻는듯한 질문에 필자는 깜짝 놀라기도 했다. 사회는 갈수록 심해지는 빈부격차를 해소할 방법을 계속적으로 제시해야 할 책임이 있다. 그래야 사회 전체의 행복지수가 올라가고 행복한 사회로 가는 길이라고 생각한다.

　밀이 150년 전에 이런 폭넓은 생각을 할 수 있는 것은 인문고전을 통해서 사고의 폭을 어마어마하게 개선 시킨 결과라고 생각한다. 그리고 그리스어와 라틴어를 배운 언어 덕분이기도 하다. 세상의 언어를 하나 더 할 수 있다는 것은 1억 이상의 가치가 있다고 했다. 세계적인 투자의 대가 워런 버핏도 "나의 투자비결은 인문고전"이라고 말한 것을 비추어보면 이상하지 않을 것이다.'

워런 버핏은 1930년생으로 올해 94세이다. 2001년 기준으로 포보스지는 버핏 회장을 세계 세 번째 부자로 선정했다. 2020년 기준, 버핏 회장은 29억 달러(약 3조 5,000억 원) 상당의 버크셔해서웨이 주식을 자선단체에 기부하였고, 자산이 감소했다. 1958년 당시 3만 1,500달러를 주고 산 집에서 아직도 살고 있고, 아침 식사는 매일 3달러가 조금 넘는 맥도널드 아침 메뉴로 해결한다. 매일 공부하고 검소한 생활을 하지만 자선재단을 설립해 막대한 돈을 기부해왔고, 자기 재산 85%를 기부하겠다는 기부 약속 캠페인을 통해서 부자들의 기부를 이끌어내기도 했다.

  돈을 벌고 기업에 투자하는 워런 버핏과 같은 사람들은 어디서 정보를 얻어서 돈을 벌 수 있을까? 필자의 개인적인 생각으로는 인문고전에서 답을 얻을 것으로 본다. 뉴스, 신문은 그저 참고용일 것이다. 부자가 되지 못한 대다수 사람들의 질문은 "어떤 일을 해야 돈을 많이 벌 수 있느냐? 어떤 주식, 코인, 부동산을 사느냐?"를 물어본다. 필자도 이전에는 그렇게 질문했다. 그러나 인문고전을 읽으면 질문이 What에서 How로 변하게 되어 있다. 다르게 말하면 First(첫 번째)에서 Origin(기원, 근원)을 선택하는 것이 인문고전을 읽은 사람인 것이다. 그래서 파도치는 물결을 보는 것이 아니라 바람이 어디서 불고 있나를 볼 줄 아는 것이다. 이것을 볼 줄 알아야 투자의 어려운 시기에 팔지 않고 견딜 수 있는 것이다.

2008년 '리먼 브라더스 사태' 때 현대해상 주식이 반토막보다 더 떨어졌다. 그래도 월급 때마다 50만 원 정도를 8년 동안 매달 매수했다. 그 결과 현대해상 주식으로 복리를 경험했다. 원금의 2배가 되는 것을 경험하고 깨달은 것이다. 원금 6천만 원이 1억이 넘어가면서 이것이 복리라는 것을 몸으로 깨닫게 된 것이다. 아무리 설명해도 알 수 없었던 복리를 몸으로 통장 잔고를 깨닫고 느끼게 된 것이다.

"그 소수의 다른 의견 속에는 온 세상 사람들이 들어야 할 유익한 내용이 있다는 것은 언제나 틀림없다. 그러므로 그 소수가 침묵하게 되면, 인류는 진리의 일부를 잃어버리게 될 것이다." - 자유론, 120page

밀이 제시한 의견은 지금 들어도 신선하다. 150년 전 사람의 이야기 같지가 않다. 민주주의는 다수의 의견을 존중한다. 그러나 밀은 다수의 의견이라도 소수의 의견 속에 진리가 있다고 말한다. 다수의 횡포를 막는 것이다. 필자도 다수의 의견이라고 소수의 의견을 무시했던 일들이 생각났다. 이것이 민주주의라고 생각했다. 설사 그것이 맞는 것이라고 해도 소수의 의견 속에 진리가 있다고 생각은 하지 못했고 존중도 못 했다. 책을 읽을수록 잘못했던 것이 생각나고, 지식의 한계가 드러나게 되었다. 참으로 부끄러웠다.

　필자는 최근에 리트리버 강아지를 키우게 되었다. 2024년 2월 20일생으로 처음에 5kg 정도였던 리트리버가 지금은 20kg가 넘는다. 매일 매일 잠자고 일어나면 성장하고 밥도 얼마나 잘 먹는지 하루에 4번 정도 큰 컵으로 먹고 있다. 그리고 산책을 아침에 한번 저녁에 한 번 시킨다. 우리 가족들의 눈에는 리트리버가 이쁘고 사랑스럽다. 그러나 산책하면서 오줌도 길거리에 싸고 똥도 싼다. 그러면 똥을 비닐로 정리한다. 그런데 밀의 「자유론」을 읽고서 나의 개인적인 리트리버를 키우는 것이 다른 사람의 자유를 침범했다는 사실을 알게 되었고 미안했다.

　이번 여름은 더운 날씨가 참으로 오래갔다. 그래선지 저녁때면 많은 사람이 애완견과 산책하러 나오기도 했다. 사람 반, 강아지 반이다. 내 강아지를 내가 돈을 내고 키우는데 무슨 잘못이냐는 말은 밀의「자유론」을 읽어야 할 사람들이다. 그래서 어느 누군가가 강아지를 밤에 산책시키는 것은 부당하다는 의견을 제시한다면 그 이야기에 화를 내면 안 되고, 경청하고 진리의 소리인지를 생각하고 토론하는 것이 밀의 「자유론」의 주장이다. 아주 성숙한 사회의식이다. 개인의 자유는 다른 사람의 자유를 침해하면 안 된다는 것이다. 강아지의 배변 활동으로 인해서 산책로에 강아지 배변 냄새가 진동하는 것에 미안한 마음이 들었다. 오늘 마침 하늘에서 비가 온다. 비가 오면 길거리가 깨끗해진다. 강아지의 산책로도 깨끗해지고 나의 미안함도 조금은 씻겨 내려간다. 참 다행이다.

밀은 자신의 스승이었던 제러미 벤담의 공리주의를 자기식으로 수정한 것을 자신의 기초 사상으로 삼았다.

"벤담의 공리주의는 최대의 행복원칙이라는 정식으로 표현된다. 이것은 사람은 언제나 최대의 행복을 산출할 수 있는 방식으로 행동해야 한다는 원칙이다." - 자유론, 15page

벤담은 모든 형태의 행복을 대등한 것으로 취급했던 반면에 밀은 쾌락의 질을 구분했다. 쾌락은 지적이고 도덕적인 형태의 쾌락이 육체적인 형태의 쾌락보다 더욱 우월하다고 주장한 것이다. 이야기는 이렇게 말할 수 있다. '만족한 돼지가 되기보다 불만족한 인간이 되는 것이 낫고, 만족한 바보가 되는 것보다 불만족한 소크라테스가 되는 것이 낫다.'라는 이야기로 말할 수 있다. 생각할수록 맞는 말이기도 하다. 이렇게 내 생각이 무조건 맞다는 생각은 참으로 위험한 결론으로 갈 수 있기에 늘 리더들은 조심하고 겸손해야 한다.

"인간의 본성은 어떤 정해진 모형을 따라 만들어져서 정해진 곳에 배치되어 정해진 일을 정확히 하는 기계가 아니라, 인간을 살아있는 존재로 만들어주는 내면의 힘을 따라 사방으로 자신을 성장시키고 발전시켜 나가게 되어 있는 나무이기 때문이다." - 자유론, 142page

나무를 보면 똑같은 나무가 없다. 내면의 힘으로 뻗어갈 수 있다. 무궁무진하게 성장할 수 있다. '이것을 임의대로 가지를 잘라내면 안 된다.'라고 생각할 수 있다.

필자는 이제 50세가 되었다. 반백 년을 산 것이다. 현대해상에서 23년 근무했고 지점장으로 1,500명의 고객들과 서로 소통하면서 잘 살고 있다. 2020년에 건신대학원대학교 법인 이사가 되었다. 학교의 규모가 크지는 않지만 법인 이사는 성공한 사람들만의 직책이라고 생각했는데 그것을 본인이 하고 있는 것이다. 그리고 2023년에 30년 다닌 예뜰순복음교회에서 장로가 되었다. 그것도 최연소 장로가 되었다. 전교인 투표를 했고 66% 넘게 지지를 받아서 당당하게 당선이 되었다. 이번에 세 번째 책을 준비하고 있다. 책을 집필해서 기부 릴레이를 하고 있다. 처음에는 300만 원, 두 번째 책은 500만 원, 세 번째 책은 700만 원을 기부할 예정이다. 이렇게 좋은 일들이 5년 사이에 다 이루어졌다. 본인 자랑한 것이다. 이렇게 짧은 시간에 성과가 나온 것도 주변에서 필자의 생각과 행동이 기존사람들과 다르다고 비판하고 훈계하지 않았기에 가능한 것이다. 필자의 이상하게 뻗은 가지를 손질하지 않고 인정해주었기에 가능한 일을 해낸 것이다. 필자도 내면의 힘으로 내면의 소리를 듣고 여기까지 오게 된 것이다.

사회에서 이야기하는 성공방식으로 살아가지 마라. 중·고등학교를 다니면서 꿈을 꾸던 것은 이것이다. 서울에 있는 좋은 학교를 나오고 대기업에 들어가서 서울에 조그마한 아파트를 대출받아서 30년 모기지론으로 갚아나가는 것이 성공한 인생이 아닐 수도 있다는 것을 빨리 알아채야 한다. 세상은 1등부터 꼴찌까지 번호를 매겨서 계급을 만들고, 없는 권위를 만들어서 1등이 2등에게 명령하고 따라가라는 시스템을 만든다. 나라를 만들고 안정시키기 위해 어느 정도는 필요하지만, 이것을 법처럼 강조하면 불편한 사회가 된다. 언젠가는 곪아서 터지게 되어 있다.

필자의 자녀들에게 늘 하는 말이 있다. 사회에서 요구하는 기본적인 교육을 마치고 사업을 하라고 한다. 공부를 잘하면 의사, 변호사, 검사를 하는 것이 성공이라고 가르쳤지만, 지금은 세상이 빠르게 변하고 있다. 개인사업을 통해서도 얼마든지 밥 먹고 살고 사회에 공헌하면서 살 수가 있다. 20살 넘은 청년들에게 좋은 조건의 사업 대출과 기회가 많다. 공부는 가장 기본이고 이것을 통해서 사회를 바라보고 누군가를 도울 수 있다는 것을 찾는 것이 팩트다. 이것을 필자는

23년 동안 보험과 영업과 인문고전을 통해서 알게 되었고 인적 네트워크가 만들어졌다. 그래서 사업을 하라는 것이다. 사업은 다른 사람을 도와주면서 내가 성공하는 원리이다. 나보다 남의 성공을 통해서 내가 복을 받는 것이다. 신기하고 재미있다.

필자는 현대해상 지점장이다. 특히 자동차 사고처리를 잘한다. 사고가 나면 현대해상에 가입이 안 되어 있어도 연락이 온다. 그러면 사고내용을 보고 최대한 유리한 조언과 합의금을 최대한 많이 받을 수 있는 방법을 제시해준다. 한번은 후미 추돌을 한 가해자인 고객을 도와준 적이 있다. 빨리 가려다가 앞차를 정면으로 막은 것이다. 100% 가해자인 것이다. 앞차의 사람도 다쳤지만, 본인도 치료를 받아야 하는 상황이었다. 그래서 치료도 받고 자동차 합의금도 일부 받게 해드렸다. 많이 고마워하셨고 여전히 많은 고객을 소개해주고 나의 든든한 지원군이 되어주고 있다. 이것이 보험(금융)의 선순환이다. 그리고 도움을 받은 사람들은 필자에게 보험 상담을 하고 좋은 고객이 되어준다. 이것이 필자의 영업 노하우 중에 하나인 것이다. 다른 사람에게 도움을 주며 내가 살아가는 방법을 배운 것이다. 이 방법은 나에게 너무나 소중한 방법이다. 귀한 보물과 같은 것이다.

"정부의 개입을 제한하려는 이유는 정부의 권력을 불필요하게 키워주는 것이 큰 해악을 낳기 때문이다." - 자유론, 243page

정부가 이미 하고 있는 기능들에 또 하나의 기능이 추가될 때마다 시민들의 희망과 두려움에 대한 정부의 영향력은 점점 확대되고 시민 중에 적극적인 사람들은 정부의 말과 정책에 더욱 관심을 많이 갖게 될 것이다. 그러면 한쪽으로 치우쳐서 괴물로 변하는 것이다. 또한 국가의 공공기관 공무원들이 늘어날수록 개인은 정부의 눈치를 보며 행동하게 된다. 그래서 공무원 수를 늘리는 것이 장기적인 관점에서는 국민에게 좋은 것은 아니다. 국가의 통제가 더욱 심해지는 결과가 되는 것이다. 언론의 자유가 있고 의회정치가 된다 해도 명목상의 자유가 될 수 있기 때문에 국가의 권력을 제한하는 것이 맞다.

필자의 아버지는 공무원으로 38년 동안 근무하셨다. 1980년대에 필자는 5세였다. TV에 데모하는 대학생들이 나오면 아버지는 "비싼 등록금으로 공부는 안 하고 데모를 하니 우리나라가 걱정된다"고 했다. 아버지의 말씀이 일부는 맞는 말이고 일부는 틀린 이야기인 것을 나이가 들어서 알게 되었다. 대학생들이 했던 데모는 5.18 민주화 운동이었다. 독재정권에 맞서 대학생과 지성인들이 일어난 것이었다. 공무원인 아버지는 국가에서 월급을 받는 분이니 다른 말을 할 수 없던 것이다. 「자유론」에서 밀이 정부의 개입을 반대했던 이유와 일치한다는 것을 알게 되었다.

필자는 아버지(김철호)를 존경한다. 부모님의 교육열과 학자금이 없었다면 대학교 졸업도 못 하고 일하러 가야 했을 것이고, 그러면 저임금 노동자의 생활을 통해서 가난의 굴레를 벗어날 수 없었을 것이다. 가장의 책임을 다한 부모님을 존경하고 사랑한다.

　필자는 밀의 「자유론」을 통해서 다수의 의견이 무조건 옳은 것은 아닌 것과 소수의 작은 의견도 경청하고 그 과정이 진리를 탐구해가는 여행인 것을 알게 되었다. 그리고 힘과 권력은 아무리 옳은 리더라도 절대권력을 주면 안 된다는 것을 다시금 알게 되었다. 자본주의적 입장에서 보면 독점을 해야 돈을 벌 수가 있다. 그러나 밀의 「자유론」을 통해서 소수의 작은 의견 즉, 틈새시장도 찾아보면 돈이 될 수 있다는 생각을 하게 되었다. 남의 작은 불편함을 해결해주고 사회적으로 발전시킨다면 충분히 가능한 일이라고 생각한다. 에어비앤비, 쏘카, 쿠팡, 배달의민족 등 모든 앱과 기업이 이런 작은 불편함을 해소해주면서 발전한 것이기 때문이다.

　필자는 보험회사 지점장이다. 10년 전만 해도 자동차보험에 가입하는 고객들은 꼭 전국 지도를 요청했다. 그때만 해도 지금처럼 T-map 같은 네비게이션이 발달하지 않았다. 그 당시엔 전국 지도를 보면서 휴가도 가고 여행지도 선정했다. 그러나 시간이 지나면서 '김기사' 앱이 등장하고 길 찾기가 쉬워졌다. 2010년에 7명이 창업한 '록앤올'은 자본금 1억 5,000만 원으로 창업 5년 만에 자본금 400배의 가치를 인정받았고, 다음카카오에 인수되었다. 이렇게 대기업이 못 하는 숨어있는 가치를 찾는 것이 부자가 되기를 원하는 사람들이 도전해야 하는 숙제이다.

이렇게 소수의 작은 불편을 해결해주면 돈을 벌 수 있는 것이다. 길 찾는 것이 어렵다고 생각했지만 누군가는 해결할 수도 있겠다는 생각을 가졌고 그것을 실천으로 옮기고 해낸 것이다. 남을 이롭게 하고 남을 구하려고 애쓰는 마음이 나의 직업과 사업에 나타나야 부자가 되는 것이다. 이것을 필자도 늘 생각하고 실천하려고 애쓴다. 이 마음은 부자가 되려고 하는 사람들의 기초가 되어야 부자가 되어서도 사회에서 좋은 영향력을 줄 수 있는 것이다. 남을 이롭게 하는 선한 마음을 꼭 기억하자.

> 모든 말과 행동을 칭찬하는 사람보다
> 친절하게 단점을 말해주는 친구를 가까이 둬라.
>
> - 소크라테스 -

9.
전쟁터에서도
돈 버는 방법

「명상록」 - 마르쿠스 아우렐리우스

9.
전쟁터에서도
돈 버는 방법

「명상록」- 마르쿠스 아우렐리우스

'마르쿠스 아우렐리우스'는 로마제국의 16대 황제이면서 스토아 철학자로서 「명상록」을 저술하였다. 145년엔 황제의 딸 파우스티나와 결혼하였다. 마르쿠스는 수사학자였던 프론트를 비롯해서 여러 유명한 스승들로부터 교육을 받았다. 그는 12세 때부터 철학에 깊은 관심과 흥미를 보여 유니우스 루스티쿠스의 지도 아래 스토아 철학에 입문해서 에픽테토스의 담화록을 배웠고 「명상록」에 많은 영향을 주었다. 「명상록」을 본격적으로 읽어보겠다.

"그동안 신들이 네게 무수히 많은 기회를 주었는데도, 너는 그 기회를 단 한 번도 받아들이지 않고, 얼마나 오랫동안 이런 일들을 미루어 왔었는지를 기억해보라." - 명상록, 45page

정말 맞는 말이다. 하루 24시간, 1,440분. 우린 1분을 너무나 쉽게 없애버린다. 행운의 여신은 많은 기회를 주고 기다린다. 그러나 나약한 인간은 오직 지금 즐거운 일에 몰두한다. 핸드폰과 유튜브에 그 짧은 즐거움이 나를 움직이게 할 때가 많다. 그래도 너무 슬퍼하지 말라. 내일 주어지는 1,440분을 잘 보내면 된다. 마치 통장에 1,440만 원이 채워지는 느낌이다. 그것도 매일매일 말이다.

필자도 이번 세 번째 책을 쓰면서 많은 것을 알게 되었고 깨닫게 되었다. 책을 집필하고 700만 원 기부하는 것이 언뜻 보면 손해인 것 같다. 그러나 절대 그렇지가 않다. 책을 쓰면서 필자는 전에 알 수 없었던 인문고전의 지혜를 얻어간다. 그리고 나의 삶이 풍요로워진다. 그리고 덤으로 남을 도울 수도 있고, 책을 나의 고객분들에게 팔 수도 있고, 나를 알릴 기회도 생긴다. 장기적으로는 너무 감사한 일이 많다. 필자는 아주 큰 그림을 그리고 있다. 가장 좋은 것은 필자의 정신세계가 아주 말랑말랑해진다는 것이다. 그래서 하나님이 주는 하루 1,440분이 너무나도 소중하고 기쁘다. 그렇지 않은가? 생각해보라. 지금 카페에서 글을 쓰는 시간도 너무나 행복한 시간이다.

"철학은 우리 안에 있는 신성이 침해당하거나 해악을 입지 않게 지켜주고, 쾌락과 고통을 이기게 해주며, 목적 없이는 아무것도 하지 않게 해준다. 그리고 무엇보다 죽음은 모든 살아있는 피조물들을 구성하고 있는 원소들이 해체되는 것 이외에 다른 것이 아니라는 것을 알고서 기쁜 마음으로 기다릴 수 있게 해준다." - 명상록, 53page

지금은 철학이 없어진 시대를 살고 있다. 철학의 영어 명칭인 Philosophy는 그리스어로 '필레인(사랑하다)'과 '소피아(지혜)'가 합쳐져서 된 라틴어 단어에서 변한 영어 단어로, 직역하자면 '지혜를 사랑한다'라는 뜻이다. 다시 말해서 철학을 싫어한다는 것은 세상을 막 살겠다는 것과 같다. 세상에 반항하며 살겠다는 것이다.

필자도 이제 반백 년을 살았다. 결혼도 했고 자녀도 2명이고 현대해상 지점장으로 23년째 근무하고 있고, 건신대학원대학교 법인 이사, 예뜰순복음교회 최연소 장로이다. 이 수많은 직책과 일을 감당한다는 것은 지혜 없이는 수많은 결정과 선택을 할 수 없다는 뜻이다. 그래서 철학을 해야 했고, 인문고전을 가까이할 수밖에 없었다. 죽기 전까지 열 권의 책을 쓰겠다고 다짐한 것도 철학을 조금씩 했기 때문에 가능하다고 말할 수 있다. 그래서 죽을 때까지 철학을 하고 배워야 한다. 필자에겐 이 땅에 태어난 운명과 하나님의 소명을 깨닫고 사명을 완수하는 것이 중요하다.

「명상록」은 죽음에 대해서도 부담 없이 이야기한다. 철학을 하기 전까지는 '죽음은 모든 것의 끝'이라고 생각했다. 필자의 아버지는 죽으면 흙으로 돌아간다고 말씀하셨다. 맞는 말이다. 그러나 2천 년 전에 마르쿠스는 원자, 원소를 이해했고 원소가 분해되어서 자연으로 돌아간다고 이야기하고 있다. 정말 대단한 지식과 철학이다. 필자는 기독교인이고 장로다. 죽음 이후에 하나님 앞에서 심판받는 것을 성경을 통해서 알 수 있다. 「명상록」에는 죽음에 대한 생각이 가득 차 있다는 것을 알 수 있다. 죽음은 두려움의 대상이 아니다. 인생의 일부로 받아들여야 한다고 계속적으로 말하고 있다. 필자도 죽음을 인생의 중요한 페이지로 생각하려고 노력한다. 죽음은 끝이 아니라는 것이다. 그래서 오늘 하루가 정말 중요한 것이다.

"한 번 죽는 것은 사람에게 정해진 것이요. 그 후에는 심판이 있으리라."
– 히브리서 9장 27절

필자는 청년 때부터 이 말씀이 좋았다. 왜냐하면 사람의 인생은 한계가 있고 억울한 일, 슬픈 일을 신 앞에서 정산하면 되겠구나 하는 생각을 막연하게나마 했기 때문이다. 지금은 더욱 확신하면서 하루하루를 살아가고 있다. 하나님께서 계신다는 것만도 큰 위로가 된다.

인생사에 억울하고 속상한 일들이 매일 생길 수밖에는 없다. '슬픔과 행복이 짝이 되어서 인생을 찾아온다'는 주역책의 말이 정말 공감된다. 때론 아무것도 안 하고 흘려보낸 하루가 있을 때 반성하게 된다. 그래서 하루하루가 소중하고 귀하다. 오늘은 어제 죽어 간 수많은 사람이 그토록 바랐던 태양과 하루이다. 그냥 하루가 아닌 값비싼 하루인 것이다.

구상 시인의 시를 통해서 소중함을 전하고 싶다.

〈말씀의 실상〉 – 구상
영혼의 눈에 끼었던
무명의 백태가 벗겨지며
나를 에워싼 만유일체가

말씀임을 깨닫습니다.

노상 무심히 보아오던
손가락이 열 개인 것도
이적에나 접하듯
새삼 놀라옵고

창밖 울타리 한구석
새로 피는 개나리꽃도
부활의 시범을 보듯
사뭇 황홀합니다.

창창한 우주
허막의 바다에
모래알보다 작은 내가

말씀의 신령한 그 은혜로
이렇게 역동하고 있음은
상상도 아니요, 기적도 아니요
오래전부터 계획되어 이루어진
실상임을 이제야 깨닫습니다.

  눈에 백태가 벗겨지면서 세상을 정확하게 볼 수 있었던 것을 말하고 있다. 구상 시인은 평범한 일상이 모두 기적임을 깨닫게 된 것이다.
  필자도 보이는 것이 전부가 아님을 최근에 몸소 깨닫고 있다. 그래서 죽음이 끝이 아니라는 것이다. 죽음은 새로운 시작이 될 수 있다. 변한 것은 없지만 두려워할 것도 없게 된다. 이렇게 마르쿠스를 죽음을 자연으로 돌아가는 하나의 의식으로 생각하고 로마 황제로서 수많은 일들을 감당하고 전쟁터에서도 많은 시간을 보내면서 「명상록」을 집필할 수 있었던 것 같다.

죽음에 대한 말 중에 라틴어로 '메멘토 모리(Memento mori)'라는 말이 있다. 자신의 죽음을 기억하라. 로마 시대에서 개선장군이 행진할 때 노예들이 뒤에서 외쳤던 말이다. 전쟁에서 한번 승리했다고 너무 자만하지 말라. 너도 언제가 죽을 수 있으니 죽음 앞에 겸손하게 행동하라는 뜻이다. 자기 발전을 위해서 매일 한 걸음씩 나아가는 것은 정말 중요하다. 그러나 만족하는 삶이 없이 더, 더, 더 외치는 인생은 비참한 최후를 맞이할 수밖에는 없다는 말에 메멘토 모리를 꼭 기억해야 한다. 그래야 오늘의 소중함을 알고, 내일은 올 수도 있고 안 올 수도 있다는 것을 기억하며 하루를 마무리하고, 내일이 선물로 주어지면 멋지게 하루를 또 살아가는 것이다. 내일은 나의 것이 아닌 것을 명심해야 오늘을 행복한 인생을 살 수 있다.

"입법 권한이 있는 제왕으로서의 네 이성이 인류의 선을 위한 것이라고 말해주는 것들만을 행해야 한다. 그리고 누군가가 네 곁에서 너의 생각이 잘못되었다는 것을 지적해 주고 바로 받아 주는 경우에는 너의 생각을 바꾸어야 한다. 하지만 너의 생각을 바꾸는 것이 정의롭고 공동체의 유익에 기여하는 것이라고 확신이 드는 경우여야만 한다." - 명상록, 72page

필자는 현대해상에 23년 근무하면서 자동차보험과 운전자보험을 많이 판매했다. 필자의 노력도 있었지만, 가장 많이 판매한 경우를 잘 생각해보면 국회에서 민식이법이 통과되었을 때였다.

2019년 9월 11일, 충청남도 아산시 온양중학교 앞 어린이보호구역 내 횡단보도에서 김민식(7세, 초등학교 2학년) 어린이가 교통사고로 사망하는 사건이 일어났다. 이것이 신문과 뉴스에 소개되어 국회에선 '특정범죄 가중처벌 등에 관한 법률(어린이 보호구역에서 어린이 치사상의 가중처벌)', 이른바 '민식이법'을 만들었다. 운전자들은 불안에 떨게 되었다. 그래서 보험사는 이것을 놓치지 않고 운전자 상해보험(민식이 운전자보험)을 만들었고 공포에 질려있는 운전자들에게 많이 판매했다. 이렇게 법이 제정되고 국회를 통과하면 일정 기간이 지나 즉시 발효가 되고 국민에게 피부로 느껴지게 된다. 즉, 학교 근처에서 사고가 나면 실형을 살수도 있다는 것으로 알게 된다. 이렇게 법이 만들어지는 것은 엄청난 파급효과가 있다. 그래서 필자도 걱정하는 고객들에게 운전자보험을 가입시켰다. 이 보험은 엄청난 이득으로 보험사들의 효자상품이 된 것이다. 그래서 법의 제정이 중요한 것이고 이해관계가 엄청나게 연결이 되어 있는 것이다. 사회에서 만들어지는 법과 나의 직업과의 관계를 유심히 살펴봐야 자본주의에서 돈을 벌 수 있다는 것이다.

"네가 과연 우주 전체 가운데서 자신에게 주어진 것들에 만족하고, 자신의 행위가 정의롭고 성품이 선하다는 것에 만족하는 선한 자의 삶을 살고 있는 것인지를 시험해보라" - 명상록, 77page

마르쿠스는 이런 생각을 평화 시대에 왕궁에서 한 것이 아니다. 전쟁터에서 누구보다 많은 시간을 보낸 황제이다. 사람이 죽어 나가고 있고 땅 한 뼘을 차지하기 위해서 피를 흘리는 삶의 현장에서 말하고 있는 것이다. 자신의 행위가 정의롭고 성품이 선하다는 것을 살아가고 증명하라는 것이다. 말은 쉽지만 현실에 적용할수록 만만치가 않다.

우리가 흔히 하는 말들이 있다. 내가 로또가 되면, 내가 부자가 되면 모두에게 해외여행을 쏘겠다고 한다. 자동차 최고급형 벤츠를 선물하겠다고 부도수표를 날린다. 이것은 '내가 만약 부자가 되고 로또에 당첨이 된다면'이다. 안 되면 이런 말들은 무용지물이 되니 약속을 쉽게 피해 갈 수 있다. 그러나 마르쿠스는 전쟁터에서 정의롭고 선한 자의 삶을 증명한다는 것이다. 정말 대단한 멘탈과 삶의 태도를 볼 수가 있다. 그냥 대충 살겠다는 것이 아니다. 하루 1,440분을, 1분 1초를 값지게 살겠다는 것이다. 아무리 어려워도 직원들 월급을 줄이지 않고 약속한 대로 지키겠다는 것이다. 인생을 살아갈수록 더욱 선한 일을 행하고 모범을 보여서 많은 사람들의 귀감이 되겠다는 뜻이다. 아무리 피곤하고 힘든 하루를 살았더라고 집에 와서 자녀들과 1시간 이상 놀아주고 대화한다는 이야기이다. 아파트에서는 아내를 위해서 분리수거는 알아서 착착하겠다는 의미이다. 갑자기 자동차가 깜빡이도 안 켜고 끼어들어도 무슨 급한 일이 있겠지, 하고 양보하는 마음인 것이다.

필자는 2024년 9월에 현대해상 사무실을 이사했다. 신축건물 1층으로 이사를 했다. 사무실 앞은 사람들이 버리는 쓰레기로 더러웠지만, 필자가 매일 청소와 분리수거를 했더니 지금은 이 주변에서 가장 깨끗한 장소가 되었다. 인생에서 정의롭고 선하게 살겠다는 것은 이렇게 폭넓고 엄청난 책임감과 사랑의 실천을 말하는 것이다. 필자의 뇌피셜이기도 하지만 거의 맞을 것이다.

어떤 현자는 이렇게 말했다. "네가 밝은 눈을 가졌다면, 그 눈으로 보고 가장 지혜로운 판단을 내려라."

"사람들을 지배하고 있는 이성을 주의 깊게 살피고, 현자들이 무엇을 피하고 무엇을 추구하는지를 살피라" - 명상록, 82page

「명상록」을 읽을수록 「논어」를 읽는듯하다. 논어에서도 '군자는 의리에 밝고 소인은 이익에 밝다'라는 말이 있다. 「명상록」에서는 현자라고 이야기했고 논어에서는 군자라고 이야기했지만 동일한 뜻인 것을 조금만 주의해서 읽으면 알 수가 있다.

우리는 초등학교 6년, 중·고등학교 6년, 대학교 4년, 그리고 대학원 3년을 통해서 짧게는 16년 길게는 19년을 학교라는 공동체에서 공부하고 사람을 사귀고 열심히 공부한다. 이성을 통해서 세상의 학문을 깊이 있게 배운다. 그러나 회사생활을 조금만 해보면 내가 배운 것이 회사생활에 직접적인 도움이 안 된다는 것을 바로 알 수가 있다. 전혀 도움이 안 되는 것은 아니다. 하지만 수많은 시간을 학교에서 소비했다고 깨닫는 순간은 이미 많이 늦어버린 시간이다. 그래서 세계적인 부자 일론 머스크는 자녀 5명을 자퇴시키고 실리콘밸리에 있는 애드 아스트라(Ad Astra)에 입학시켰다. 이 학교는 일론 머스크 본인이 세운 사립학교이다. 이곳에서는 인공지능 시대에 맞는 교육을 한다고 한다. 이곳에선 숙제는 없다고 한다. 토론 수업을 많이 하고 코딩을 배우고 필기하는 것보다는 컴퓨터를 많이 다룬다고 한다. 어떤 것을 배우는지 정확한 내용은 알 수가 없다고 한다. 그러나 미래 시대에 필요한 것들을 적극적으로 배우는 것은 확실하다.

「명상록」에서도 현자들이 무엇을 피하고 무엇을 추구하는지를 살피라는 말과 일맥상통한다. 학교에서 배우는 평범한 학문이 아니라 미래사회에 필요한 것들을 현자들이 적극적으로 배우는 것은 변함없는 진리의 말이다. 「명상록」과 「논어」가 이렇게 연결되어 있다는 것을 발견할 때 필자는 너무 기쁘고 흥분이 된다. 내가 가는 방향이 맞구나. 이것만으로도 행복하다. 엔도르핀이 팍팍 분비된다.

"최고의 복수는 너의 대적과 똑같이 하지 않는 것이다."
- 명상록, 109page

예전엔 부모의 원수를 갚기 위해 평생 무술을 연마해 부모의 원수를 죽이는 것을 복수 영화의 정석으로 알았으며, 필자도 그렇게 보고 자랐다. 그러나 인문고전을 통해서 알게 된 것은 나를 어렵게 한 사람들에 대한 나의 태도를 변화시키는 것이다. 다른 사람들을 말할 것도 없다.

필자 부모님의 형제분들 중 한 분이 큰 사업을 하신다. 그분이 찾아오셔서 아버지의 신분과 직업을 이용해 연대보증을 서달라고 떼를 쓰는 것을 초등학교 때 알게 되었다. 아버지는 친척이 울면서 살려달라고 애원하는 것을 거절하지 못하고 보증을 서게 되셨고, 그 후 몇 년이 지나자 집안은 풍비박산, 전쟁터, 초상집이 되고 말았다. 아버지는 공무원이라 퇴직금 보존은 되었지만, 월급의 50% 이상이 압류되었다. 보통 그런 상황이면 남 눈치를 보다가 퇴사를 한다. 그러나 아버지는 달랐다. 다른 태도를 취하셨다. 그 상황을 하루하루 버티셨고 나랑 동생을 결혼까지 시키고서야 퇴직하셨다. 그야말로 인간승리를 하시고 퇴직을 하셨다. 법원에서 37년을 근무하시고 퇴직하셨다. 1개월의 휴식 후엔 경비원으로 취업하셔서 지금까지 일하고 계신다.

필자는 인생의 사건이 생기면 좋은 면, 긍정적인 면을 보려고 노력한다. 그러나 이렇게 금융 지식이 부족한 사람들을 이용해서 자신의 욕심을 채우는 사람은 흔히 볼 수가 있다. 그러나 노자의 도덕경, 주역, 논어 등 인문고전을 통해서 알게 된 것은 남을 이용해서 자신의 이익을 좇은 사람들의 말로가 아주 별로라는 사실이다. 우리가 생각하는 인과응보이다. 인과응보는 「명심보감」에서 여러 번 나오는 단골 이야기이다. 세상은 정확하게 심은 대로 복과 화가 흘러가서 열매를 맺는 것을 알게 된 것이다. 그리고 복과 화가 자녀에게도 영향을 미친다는 사실은 놀라운 일이고 무서운 일이다. 그래서 선생님

집안에 선생님, 사업가 집안에 사업가, 강도 집안에 강도가 확률적으로 많이 나오는 것이다. 어릴 때부터 부모의 뒷모습을 보고 아이들은 자라기 때문이다. 그래서 최대한 착하게 살아야 한다. 기독교 말로는 은혜롭게 성령 충만하게 아홉 가지 열매를 맺으면서 살아가야 심판의 날에 하나님 앞에 설 명분을 얻는 것이다. 메멘토 모리를 기억하고 죽음을 생각하고 살아가라는 말이다. 그래서 복수하는 것은 다르게 사는 것이다. 막연한 용서가 아니다. 나의 하나뿐인 인생을 복수에 눈이 멀어서 건강까지 해치면서 살 것인지, 아니면 하루하루 기쁨이 충만하게, 감사함이 넘치게 누군가에게 선을 베풀면서 작은 것이라도 나누면서 살아갈 것인지 선택하는 것임을 꼭 알아야 한다. 세상에서 들리는 말로 나의 소중한 인생을 살아가면 절대 안 되는 것이다. 그래서 인문학을 조금이라도 읽어야 한다. 그래야 소중한 가족과 사람들을 지킬 수 있는 것이다.

  돈을 버는 것도 비슷하다. 남들이 "이것을 하면 돈 번다"라며 말할 때가 종종 있다. 이런 종류의 일은 99% 망한다. 사업은 철저하게 준비하고 내가 판단해서 결정하는 것이다. 주변 사람들의 저런 말은 대부분 "아니면 말고"라는 생각으로 뱉는 말이다. 절대로 귀담아 듣지 말라.

"화난 표정은 본성을 아주 많이 거스르는 것이다. 그것이 자주 반복되어서 습관으로 굳어지면 사람의 살아있는 표정은 죽어가기 시작해서 결국에는 완전히 죽어 버려서 되살릴 수 없게 된다." – 명상록, 136page

　필자는 표정이 좋다는 말을 많이 듣는다. 얼굴도 동그래서 온순하다고 듣는 편이다. 그래서 보험 세일즈를 23년 동안 성공적으로 할 수 있었던 것 같다. 「명상록」에서도 화난 표정은 본성을 아주 많이 거스른다고 강하게 이야기한다. 의사가 건강한 생활을 이야기할 때에도 화를 다스리라는 말을 많이 할 수밖에 없다. 화를 내면 얼굴에 피가 몰리게 되고 혈압이 상승하고 혈관이 가늘어지고 심장이 빨리 펌프질할 수밖에 없다. 그러면 숨이 가쁘고 머리가 아플 수밖에 없는 사실에 직면한다. 그래서 어른들은 웃으면 복이 온다는 말로 대체했던 것 같다. 얼굴 표정은 감정을 가장 직접적으로 표현할 수 있다. 기쁨, 슬픔, 두려움, 놀람, 분노 등을 얼굴로 표현할 수 있다는 것을 어느 정도 나이가 들면 금방 알아차린다. 말투도 마찬가지다. 같은 말을 전달할 때도 음성의 높낮이 속도, 강도 등은 상대방에게 우리의 감정을 알릴 수 있다.

조만간 카카오톡에도 AI를 이용하여 공손하게, 친절하게, 설득력 있게 등 다양한 말투로 메시지를 변형할 수 있는 버전이 나온다고 한다. 기계도 이제 따뜻한 말투로 상대를 설득하고 호감을 주는 시대가 벌써 온 것임을 알아야 한다.

마르쿠스가 이미 2천 년 전에 인간의 화난 표정이 본성을 거스른다는 것을 알고 있었고 실천하고 있었다는 것이 놀랍다. 그래서 황제의 자리까지 올라갈 수 있었던 것 같다. 오늘부터 웃는 얼굴만 해도 절반은 성공한 것이다. 자영업, 사업, 음식점 등 모든 사업의 기본은 상대방을 보면서 편안하게 웃어주는 것이다. 필자가 자주 가는 스타벅스 목동점에는 미소 천사 직원이 있다. 우울할 때 가면 정말 반갑게 인사를 해주니 또 오고 싶은 마음이 든다. 모든 사람이 그렇게 되는 것이 아니기 때문에 그 사람의 큰 재능이자 달란트라고 생각한다.

"어떤 행동을 할 때마다 자기 자신에게 이렇게 물어보라. 이 행동이 나와 무슨 상관이 있는 것인가. 내가 이 행동을 하면 후회하게 되는 것은 아닌가." - 명상록, 152page

마르쿠스 본인은 황제이면서도 자신이 행동할 때마다 올바른 행동인지 후회가 없는지를 생각하고 살아갔다. 정말 무서운 사람이다. 필자도 하루에도 수많은 결정을 하고 행동한다. 인터넷 쇼핑을 하다가 아무 생각 없이 물건을 주문하고 반품하고 후회한 적이 많다. 그래서 필자도 「명상록」을 읽은 뒤부터는 '이 물건을 오늘 꼭 사야 합니까?' 라고 나 자신에게 물어본다. 신기하게 생각하는 것보다 말로 소리를 내면 이성이 작동한다. '조금 나중에 사도 되는 것이구나. 조금 불편해도 내가 일하면 되는 것이구나.'하면서 소비를 조금 줄일 수 있다. 한번 따라 해보라. "이 물건을 오늘 꼭 사야 합니까?" 물어만 봐도 효과가 나온다. 또한 중요한 비즈니스를 결정할 때도 있고 부동산을 지금 팔아야 할지 사야 할지, 그리고 주식이나 비트코인을 지금 매수, 매도를 해야 할지 신문의 흐름을 따라가면 항상 늦게 되어 있다는 사실을 어느 정도 지나면 알 수 있듯이 조금 빨리 움직여야 한다.

마르쿠스의 말처럼 지금 나의 투자 행동을 신문과 뉴스가 아니라 자신에게 물어봐야 좋은 의사결정을 할 수 있는 것이다. 내면의 자신과 물어보고 답을 얻어야 한다. 이런 철학이 있을 때 돈도 모이는 것이다. 이것을 필자는 인문고전을 읽으면서 깨닫고 부동산을 사고팔았고, 주식, 코인을 사고팔았다. 그렇게 해서 원하는 원금의 2배가 되는 복리도 경험했다. 이것이 자본주의라는 것을 알아야 부도 획득하고 원하는 것도 얻을 수 있는 것이다. 이것을 깨닫지 못하면 빨리 투자는 버리고 은행에 저축만 하면 된다. 5천만 원 한도 내에서 말이다.(농담)

"다른 사람들의 충고를 따라서 너의 마음이나 생각을 바꾸고 너의 행동을 고치는 것은 너의 의지의 참된 자유를 포기하는 것이 아니라는 것을 기억해라. 네 지성에 의거해서 최종적으로 정한 네 행동이기 때문이다."
 – 명상록, 156page

필자가 군대에 갈 때 아버지에게 들었던 충고가 있다. 군대에서는 중간만 하라는 것이다. 잘해도 소용없고 못 하면 고문관으로 너무 힘들다는 충고를 들었다. 달리기, 행군, 유격, 화상방, 축구, 보초 등 무조건 중간만 하라는 말씀을 군대 생활을 하면서 알게 되었다. 이것이 충고가 아니라 나의 의지와 판단 지성을 통해서 내린 결정이면 너의 자유를 포기하는 것이 아니라는 것을 말하고 있다.

지금은 필자에게 충고하는 사람이 점점 줄고 있다. 부모님도 이제 80세를 바라보고 계시고 친구들은 곳곳으로 흩어져서 살고 있고 자식들은 아직 부모의 사랑을 받을 나이기 때문이다. 나에게 충고해 주는 사람이 점점 줄어들고 있어서 슬프다. 이제는 교회에서도 50세에 장로 직분을 받아서 열심히 봉사하고 있다. 내가 잘하고 있는지 내가 잘살고 있는지 이제는 자신에게 물어봐야 한다. 필자는 하나님께 물어본다. 그래야 한다.

마르쿠스는 신에게 물어봤을 것이다. 전쟁터에서 이 전쟁이 언제쯤 끝날 것인지, 인간사의 고통은 언제 마무리되는지 등, 물어볼 것이 많았을 것이다. 그래서 「명상록」을 작성한 것이다. 2천 년 전에 인간들의 생각이 지금 2025년을 살아가는 사람들에게 물어봐도 많은 차이가 나지 않는 것이 필자는 너무 신기하고 감사하다. 그래서 인문고전이 좋다. 주변에서 충고해 줄 때가 사실 행복한 시기인 것이다. 아무 결정이 안 되었기 때문에 자꾸 충고를 한다. 결혼을 잘해라, 좋은 직장에 들어가라, 부동산을 서울 쪽에 사라 등... 아직 가능성이 있기에 말을 하는 것이다. 60살이 넘어 퇴직한 사람에게 부동산을 사라거나 비트코인을 하라고 말하지 않는다. 타이밍이 지났기 때문에 소용이 없는 것이다. 「명상록」에서 말하는 충고를 심사숙고해서 이성과 지성을 사용해서 결정하라는 것이다. 잔소리를 들을 때 행복한 것이다. 그러나 행복한 사람만 그것을 모를 때가 있다. 행복의 파랑새는 항상 가까운 곳에 있음을 기억하자.

"나의 이 정신이 악한 것이나 욕망이나 동요를 일으키는 모든 것에 의해서 해를 입지 않도록 지킬 뿐만 아니라, 모든 것들의 진정한 본성을 있는 그대로 보고서 각각의 것들에 맞게 선용할 수 있는 힘이 내게 있다. 자연이 네게 준 이 힘을 기억하라" - 명상록, 160page

2021년도에 방영되었던 쿠팡 오리지널 드라마인 「어느 날」은 영국 BBC 드라마 「크리미널 저스티스」를 원작으로 하고 있다. 내용은 이렇다. 하룻밤의 일탈로 평범한 대학생에서 살인사건의 용의자가 된 '김현수', 잠법들을 변호해서 먹고사는 삼류변호사 '신중한'과 교도소 내 먹이사슬 최상위의 권력자 '도지태'가 김현수에게 손을 내민다. 한 여인의 살인사건을 둘러싼 두 남자의 치열한 이야기를 통해서 지극히 대중적 시각에서 형사사법제도를 파헤치는 드라마이다.

극중 김현수는 무죄를 주장하고 울면서 하소연한다. 그러나 신중한 변호사는 "무죄를 주장하지 말라"며 객관적인 증거를 준비해 하나씩 변호해 나간다. 김현수는 자신의 아버지, 엄마, 동생들이 일상에서 살인자 가족이라는 누명을 쓰고 사회에서 버림받고 있음을 알게 된다. 그리고 모든 문제의 해결은 나에게 있다는 것을 알고 각성한다. 운동을 하고 싸움 훈련을 받고 감방에서 자신을 제일 괴롭혔던 자에게 일격을 가하며 심기일전한다.

필자가 말하고 싶은 것도 같은 말이다. 사회가 악해서, 부모님이 가난해서, 내가 흙수저라, 나의 건강이 허락지 않아서 등 많은 이유로 지금의 상황을 삼단논법으로 변론하는 시대를 살고 있다. 어느 정도는 맞을 수 있다. 조선시대 500년의 사, 농, 공, 상의 계급이 있듯이 필자는 지금도 부자와 평범한 사람과 가진 자와 없는자의 계급이 존재한다고 본다. 그러나 극중 김현수가 각성한 것처럼 모든 문제 해결의 키는 본인에게 있는 것이 맞다. 「명상록」에서도 악한 것에 대등하게 맞설 수 있는 힘이 바로 내게 있다는 것을 깨닫는 순간부터 인생의 변화가 찾아온다고 했다. 오늘 하루를 각성하고 밀도 있게 살 때 나의 미래가 조금씩 변화되는 것임을 필자는 알고 있다. 그래서 오늘이 너무 좋다. 오늘 하루를 충실하게 살아가는 것이 최고의 행복이라는 것도 알게 되었다.

어떤 현자는 이렇게 말했다.

"네가 밝은 눈을 가졌다면, 그 눈으로 보고 가장 지혜로운 판단을 내려라."
– 명상록, 163page

「명상록」에서 말하는 '밝은 눈'은 육신의 눈이 아니라 우주의 본성을 따라 만물의 본질을 꿰뚫어 보는 정신의 혜안을 가리킨다. 육안이 아니라 이런 혜안을 지녔을 때에만 인간은 우주의 이성과 부합하는 가장 지혜로운 판단을 내린다는 말이다.

필자는 이전에 마법의 램프가 부러웠다. 원하는 것을 말하면 그곳으로 데려다주고, 황금을 원하면 황금과 돈을 갖다주는 지니가 부러웠다. 나이가 들고 사업을 하면서 그리고 인문고전을 접하면서 조금씩 램프의 지니가 전부가 아니라는 것을 알게 되었다. 마법의 램프 지니는 세 가지 소원만 들어준다. 그러나 「명상록」의 밝은 눈을 소유하면 마법의 지니가 100명 이상 있는 것이다. 얼마나 감동이 아닌가. 그래서 더 이상 마법의 지니가 부럽지 않게 되었다.

2020년, 코로나를 겪으면서 주식시장, 코인 시장이 박살이 나 최저가가 되었고 모두가 망한다고 했다. '코스피, 금융위기 때 반토막 코로나발 하락 속도 더 빨라.' 기사 제목이 신문의 첫 페이지를 장식하

고 공포를 조성해갔다. 주식시장은 10년 주기로 공포가 온다고 한다. 2008년에는 리먼 브라더스 사태를 통해서 공포가 왔고, 2020년에는 코로나 사태라는 전 인류적 공포가 찾아왔다. 그러나 모두가 망한다고 할 때 투자의 눈을 갖고 계신 분들은 주식을 매수하기 시작했고 비트코인을 매수하기 시작했다. 하루가 지나고 몇 달이 지나면서 일상으로 빠르게 회복되는 것을 보면서 필자도 아직 투자의 대가는 아니라는 것을 깨닫게 되었다.

필자는 아직 50세다. 앞으로 30년 안에 3번의 투자 기회가 온다는 사실을 알고 기뻐했다. 세 번의 공포는 이겨내고 준비해야지 말이다. 「명상록」에서 말한 현자의 밝은 눈을 준비해야 한다는 것이다. 자본주의의 역사를 이해하고 종잣돈을 마련하라는 것이다. 그럼 부동산, 주식, 비트코인 등 매물이 나올 것이니 미리 시드머니를 만들라는 것이다. 모두가 공포에 질려있을 때 조용히 매수하라는 것이다. 이것을 생각하고 30년 동안 세 번의 찬스가 온다는 놀라운 사실에 필자는 감동하고 조금씩 준비하고 성공할 것이고 주변 분들과 나눌 것이다. 지금 읽는 독자들도 부자의 기회는 10년마다 한 번씩 오니 부자의 기차를 놓치지 말고 승차하고 결과가 좋으면 나에게도 커피 한 잔 사면된다.

"행동에서는 꾸물거리지 말고 대화에서는 횡설수설하지 말며, 생각에서는 모호하게 하지 말라." - 명상록, 168page

니케 여신

「명상록」의 '행동을 할 때 꾸물대지 말라'는 말은 정말 멋진 말이다. 꾸물대다가 좋은 기회를 놓친 적이 누구에게나 한두 번은 있다. 필자는 나이키 광고가 늘 생각이 난다. 나이키(Nike)는 그리스 신화에서 나오는 승리의 여신을 뜻한다. 스포츠용품회사로 유명한 나이키는 니케의 미국식 발음이고, 니케(Nike)는 로마신화에 나오는 승리의 여신이며 뜻은 승리를 상징한다.

'Just Do It'. 이 문구는 나이키에서 1988년에 광고 캠페인의 일환으로 진행했던 슬로건이다. 이 말의 직역은 '그냥 해, 그냥 해라, 그냥 해버려, 일단 시작해' 등 생각만 하지 말고 행동으로 옮기라는 의미를 말하고 있다. 세상을 살면서 무엇인가를 얻기 위해서는 너무 복잡하게 생각하기보다는 실행에 옮기는 것이 중요하다는 메시지를 전달하고 있다. 그래서 많은 사람에게 지금까지도 사랑받고 있는 것 같다.

마르쿠스 본인 또한 꾸물거리다가 많은 기회를 놓쳤을 수도 있다.

그래서 「명상록」에서 더욱 단호하게 말하는 것일 수도 있다. 필자도 보험영업을 하면서 생각이 심란할 때가 종종 있다. 그러면 빨리 고객을 만나러 나간다. 먼저 행동하는 것으로 많은 부분이 정리되고 해결되는 것을 경험하면서 일단 시작하는 것이 너무나 중요한 것을 여러 번 경험했다.

 명탐정들이 사건 해결할 때마다, 문제가 풀리지 않을 때마다 마지막으로 현장에 가서 빠진 것이 없는지 보는 것처럼 일단 움직이게 될 때 해결되는 것이 많다. 그리고 운동과 두뇌 기능의 상관관계도 많은 논문으로 밝혀지고 있다. 운동은 유산소 운동을 말한다. 조깅, 자전거, 수영 등을 말한다.
 운동을 하고 움직일수록 뇌로 가는 혈류량이 증가하여 뇌세포에 산소와 영양분 공급이 풍부해진다. 그러면 뇌가 더욱 활발하게 움직이게 된다. 땀이 나면 몸에서 좋은 호르몬이 분비된다. 베타엔도르핀이 분비된다. 이 호르몬은 희열을 느끼게 하고, 진통을 완화하는 호르몬으로 운동 상태를 유지하도록 돕고 의욕을 불어넣어 준다. 그래서 기분이 상쾌해지고 몸도 가벼워지는 것이다. 우리의 몸은 참으로 신기하다. 창조자가 기가 막히게 잘 만드셨다. 다시 한번 감탄하고 감사하다.

 "화살이 날아가는 것과 인간의 정신이 나아가는 것은 서로 다르다."
 - 명상록, 171page

우리나라 양궁은 너무나도 강하고 세계최강이다. 2024년 파리 올림픽에선 여자 양궁의 단체전 10연패가 큰 주목을 받았다. 여자 개인전도 포함한다면 양궁 대표팀은 1984년 로스앤젤레스(LA) 대회부터 11연속 금메달 금자탑을 쌓은 셈이다. 고구려를 건국한 동명왕(주몽)의 이야기를 우리는 널리 알고 있다. 동명왕은 활쏘기의 달인이었다. 당시 전쟁은 육박전이면서 활쏘기의 전술이 전쟁의 승리를 좌지우지했다. 그래서 주몽이 나와서 활쏘기를 시작하면 전쟁에서 승리를 확정된 것이다.

무용총 수렵도

역사책에서도 유명한 무용총 수렵도가 있다. 달리는 말 위에서 몸을 돌려 도망가는 짐승을 향해 활시위를 당기는 고난도 활 솜씨를 보여준다. 이렇게 우리 몸과 정신에는 활쏘기를 잘한다는 DNA가 곳곳에 심겨 있다. 할 수 있다는 생각은 이미 승리를 보장한다. 절반 이상을 해낸 것이다. 「명상록」에서 말하는 것은 활쏘기를 넘어서 인간의 정신을 말하고 있다. 인간의 정신은 활처럼 날아가지 않는다는 것이다. 순조롭게 날아가는 것처럼 보일 때도 있고, 어떤 때는 의문이 생겨서 거기에 매달려 제자리에서 빙빙 도는 것처럼 보이기도 한다. 그러면서도 늘 자신의 목표를 향하여 곧장 나아가는 것이기 때문이다.

필자는 인간의 정신을 놀랍게 이야기하는 마르쿠스에게 경이로움을 느낀다. 인생을 살면서 매일 새로운 문제들이 생긴다. 매일 새로운 문제를 해결하지만 잠을 자고 나면 또 다른 문제들이 나를 기다리고 있다. 정말 신기하다.

최근에 김미경 대표(김미경 TV)로부터 초대를 받아 7명 정도가 대전에서 함께 출발하여 서울 홍대에 방문했다. 필자는 주저 없이 질문했다. 건물도 있고, 유튜브로 180만 명 이상의 구독자를 보유하고, 성공한 사업가이고, 자기 계발의 대가이면서 올해부터 신학 공부를 시작한 이런 대단한 분에게도 부족한 것이 있을까 물어보자마자 김미경 대표는 1초도 망설이는 것 없이 바로! 아직도 배움이 부족하다고 답했다. 세상적으로는 성공한 것 같지만 성장한 위치에서 볼 땐 여전히 모든 면에서 부족한 것이 보이기 마련인 것 같다.

김미경 대표가 본인 나이에서 17세를 빼고 인생 계획을 세우라는 말도 너무 좋았다. 60세라고 은퇴하는 게 아니라는 것이다. 대학교도 5개 정도는 다녀야 한다고 한다. 그만큼 인생이 길고 배울 것이 많다는 뜻이기도 하다. 그래서 필자도 2년에 1권씩 출판계획을 세워서 10권의 책을 20년 동안 출판하려고 한다. 이전에 두 권의 책을 출판했고, 2025년에 세 번째 책 출판과 700만 원 기부계획을 하고 있다. 필자의 고객분들이 절반 정도 책을 구입해 주시고 필자가 절반 정도 돈을 보태서 기부한다. 대학교 공부도 앞으로 2개 이상은 더 배울 계획이다. 남을 위한 계획이기에 글을 쓰는 시간이 즐겁고 기쁘다.

 매일 책을 읽고 2시간씩 카페에서 원고를 쓰는 것이 필자에게는 어려운 것은 아니다. 좋은 습관이 되어버렸다. 일평생 자기만을 사는 것도 행복하지만 그리스인 조르바의 말처럼 "인간을 구원하는 유일한 방법은 다른 사람의 인생을 돕는 것이다"라는 말을 듣고 필자는 망치로 머리를 한 대 맞은 것 같았다. 그 후로 필자의 인생도 방향 수정이 많이 되었고 책을 써서 남을 도와야겠다는 생각을 실천하게 되었다. 돈을 버는 것도 작은 생각에서 출발하는 것이다. 내가 불편해하는 것을 아이디어로 연결하고 적당한 수수료를 받으면 그것이 사업이 되는 것이다.

 마켓컬리 김슬아 대표이사가 대표적이다. 김슬아 대표는 민족사관고등학교를 나왔다. 미국 사립 여자대학교인 웰즐리대학교에서 정치학을 전공했다. 골드만삭스에서 채권을 담당하다 맥킨지앤드컴패니로 자리를 옮겼다. 싱가포르 국영 투자회사 테마홀딩스와 컨설팅회사 베인앤드컴페니르 거쳐 2014년 컬리의 전신인 더파머스를 창업했다. 신선식품을 새벽에 배송해주는 샛별 배송으로 단기간에 마켓컬리를 유니콘 기업 반열에 올려놓았다. 마켓컬리는 당일 저녁 11시 전까지만 일정 금액을 맞추어서 주문을 하면 다음 날 아침 7시 전까지 집 앞에 배달을 해준다. 서울부터 시작했고 강남쪽에서 대박이 났다. 맞벌이 부부의 니즈(Needs)를 정확하게 읽어내었고 그것을 상품으로 정확하게 연결했다. 이것이 인문학과 자본주의가 아름답게 만나는 경우이다. 소비자와 생산자를 연결해주는 모든 사람이 이익을 보는 것이다. 마켓컬리 같은 유니콘기업을 만드시길 응원한다.

"죄를 짓는 자는 자기 자신에게 죄를 짓는 것이고, 불의를 행하는 자는 자기 자신에게 불의를 행하는 것이다." – 명상록, 175page

최근에 유명한 배구선수 자매가 학폭에 휘말리면서 잘나가던 배구 국가대표직을 물러나게 되었다. 중·고등학교 때 힘이 있다고 다른 약한 친구들을 괴롭히는 것이 당장은 표시도 나지 않고 완전범죄라고 생각할 수 있다. 약간의 스트레스 해소가 될 수도 있다고 생각할 수도 있다. 그것은 범죄인 것이다. 그러나 그들은 억울해한다. 철이 없을 때 한 일이라고 용서해달라고 말한다.

노자의 초상화

노자의 「도덕경」에 비슷한 말이 나온다. '하늘의 그물은 넓고 엉성하지만 놓치는 법이 없다.'

즉, 나쁜 일을 한 사람들은 반드시 심판받는다는 뜻이기도 하다. 그 시기가 언제인지는 알 수는 없지만, 반드시 심판이 온다는 무서운 이야기이다. 본인이 받을 수도 있고 자식에게 상속되어서 벌을 받는 경우도 많다.

어릴 적, 필자도 부모님께서 숙제를 마친 뒤에 놀라고 하셨는데 '조금만 더 놀고 숙제해야지'라며 집에 갈 시간이 될 때까지 놀았던 적이 있다. 실컷 놀고 피곤해져서 쉬고 있는데 엄마가 들어와 혼났던 경험이 있다. 이렇게 시간이 안 올 것 같지만 시간은 쏜살같이 흘러서 심판의 시간으로 달려간다. 그래서 착하게(선하게) 살아야 한다. 「명상록」도 말한다. 불의로, 불법으로 큰 이익이 되어도 하면 안 되는 이유는 그 나쁜 일이 나에게 돌아오기 때문이라는 사실을 명심해야 한다. 내 가족에게 저지르는 나쁜 일이라는 것을 생각해야 한다. 눈앞의 이익에 붙잡히면 항상 잘못된 결정을 하기가 쉽다. 그러면 그 사람의 운과 복은 멈추는 것이다. 운과 복은 흘러가는 것도 좋지만 그 사람에게 머물러있게 하는 것은 최고의 행운인 것이다.

"자신에게 주어진 여건 속에서 최선을 다해 그 일을 하되, 다른 사람들이 그런 너를 알아주고 인정해 주기를 바라서 주위를 둘러보지 말라. 플라톤이 제안한 이상적인 국가를 꿈꾸지도 말고, 지금 네게 주어진 일에서 아주 작은 진전을 이룬 것에 만족하고, 그 결과를 하찮은 것으로 여기지 말라."
  - 명상록, 182page

필자도 회사, 교회에서 일을 많이 맡고 있지만 '일을 통해서 칭찬을 받아야지.'라는 생각으로 일한 적은 많지 않다. 자발적으로 일한 것이지, 대가를 바라고 일한 적이 많지 않기 때문이다. 그래서 일에 부담도 없었고 사회에서 배운 것을 적용할 수 있어서 좋았다. 그래서 남들보다 빨리 성장을 하게 되었고 인정도 받고 보험으로도 안정적으로 성공한 것 같다.

필자는 직장에서 좋은 선배들을 만났다. 나의 작은 성과에도 기뻐해 주었고 격려해주었다. 그래서 필자는 암보험을 참 많이 판매했다. 2005년 당시 필자를 통해 암보험에 가입했던 고객님이 2년 후에 보험금을 수령했다. 유명한 초코파이 광고 속, 사랑하는 사람을 위해서 자신의 머리를 밀었던 친구처럼 그분도 머리를 밀고 모자를 쓰고 있었다. 암보험에 가입한 환자분께서 정말 고맙다고 몇 번이나 나에게 말을 해주었다. 보험료가 2만 원 정도였고 2005년에 1천만 원 정도 보험금을 수령해 주었다.

그 당시 일에 대한 자부심과 "오늘은 누구에게 암보험을 홍보해야지?"라는 생각에 아침에 일어나는 것이 즐거웠다. 그 결과 급여도 많이 올랐으며 일 자체를 즐기게 된 계기가 되었다. 이렇게 좋은 것을 심으면 좋은 열매가 맺힌다. 내가 힘이 있다고 학폭을 하고 인터넷상에서 익명으로 나쁜 댓글을 달고 확인도 안 된 정보를 남을 비난하는 것은 자신에게 당당한 행동이 아니다. 이성을 가진 성인이 해서는 안 될 일이다.

오늘 나에게 주어진 작은 일을 집중해서 성실하게 마무리해야 한다. 모든 일에 빨리 어른이 되어야 한다는 사실을 명심해야 한다.

"네게 주어지지 않은 것들을 달라고 비굴하고 무기력하게 신들을 조르는 것보다는 신들이 네게 준 능력을 자유롭게 사용하는 것이 더 낫지 않겠는가?" - 명상록, 187page

예전 어른들의 말 중 '자기 밥그릇은 자기가 타고 난다'는 말이 있다. 이 말의 해석은 자기가 타고난 운으로 살아가는 것이다. 부모가 책임질 수 없다는 말이기도 하다. 부모가 자식을 책임진다는 말은 오만한 생각이라는 것이다. 인간 자체가 자연이고 우주로 각자의 운명을 운전하는 힘을 갖고 태어난다는 명리학적인 관점이다. 이것을 명리학에서는 운명이라고 한다. 마르쿠스도 신들에게 무엇을 달라고 자꾸 구하지 말라고 하는 것이다. 이미 신들이 한 사람 한 사람에게 준 달란트를 찾아내서 그것을 적극적으로 계발하고 발전시켜 나갈 때 내가 이루고자 하는 소망과 꿈도 이룰 수 있다는 말이기도 하다. 생각을 조금만 바꿀 뿐인데 미래가 바뀌는 것이다. 부모가 제일 많이 기도하는 것이 가족의 안전이다. 그러나 마르쿠스라면 이렇게 기도했을 것이다. "신이여 나의 가족을 잃어버리는 두려움을 없애주소서."라고 기도했을 것이다.

이렇게 동일한 사건을 다르게 볼 수 있는 것은 인문학적 사고만이 가능한 것이다. 나에게 있는 달란트를 찾고 확신해야 각성하게 되고 전투력이 100배 정도 올라가는 것이다. 이럴 때 주변 사람들이 뭔가

달라졌다고 말하는 것이다. 내공이 흘러나오는 것이다. 싸우지 않고 이기는 것이다. 고수는 싸우고 이기는 것이 아니라 싸우지 않고 이기는 것이다. 신이 나에게 베풀어준 달란트를 꼭 찾아내고 확신해서 남을 위해서 사용해야 나의 인생이 빛이 난다.

"자연을 능가하는 기술은 없다. 사실 모든 기술은 자연의 이런저런 모습을 모방한 것이기 때문이다." - 명상록, 215page

레오나르도 다 빈치는 자연으로부터 헬리콥터, 잠수함, 탱크 등과 같은 현대 기술의 아이디어를 얻었다. 자연이 바로 그 기술의 원형이 된 것이다. 그의 공학적 지식과 창의력은 그의 발명품에 반영이 되었다고 한다. 특히 헬리콥터는 단풍나무가 떨어지는 것을 보고 만들었다는 설이 있다. 이렇게 남들이 가을이라는 계절을 느낄 때, 자연을 유심히 관찰하는 사람들로부터는 새로운 발명품이 만들어지는 것이다. 물고기가 물에서 헤엄치는 것을 당연하게 여기지만 '사람이 물고기처럼 물속에서 오랫동안 있을 수 없을까?'라는 생각을 통해 잠수함을 만들 수 있게 되었다. 대자연을 통해서 인류는 계속해서 발전하고 있는 것이다.

필자는 2023년에 결혼 20주년이었다. 그래서 아내, 지인과 로마를 방문했다. 로마에서 티볼리라는 지역을 가게 되었고 그곳에서 빌라데스테라는 100개의 분수를 관람했다. 특히 메인 분수는 모터가 없이 물의 압력으로만 하늘로 5m 이상 쭉쭉 올라간다. 로마 시대의 수리학과 자연을 이용한 능력은 정말 입이 딱 벌어지게 된다. 로마의 역사가 1,000년이라는 것이 그냥 가능한 것이 아님을 알수가 있다.

티볼리의 빌라데스테 분수

필자는 특히 벌집을 좋아한다.

"육각형 벌집은 낭비가 전혀 없는 완벽한 구조물이다." - 찰스 다윈

벌집의 육각형 구조는 건물뿐 아니라 다른 분야에도 활용되고 있다. 가벼우면서도 강도가 높은 골판지는 가장 균형 있게 힘을 배분하는 육각형의 안정적인 벌집 공간을 응용한 것이다. 이런 구조를 허니페이퍼나 허니콤으로 불리기도 한다. 특히 고속열차 KTX 앞부분의 충격 흡수장치인 허니콤 역시 벌집 구조로 되어있다. 시속 300km로 달리는 열차가 700kg의 물체와 부딪혀도 충격을 흡수할 수 있는 정도라고 한다. 정말 자연을 알아가는 것은 놀랍고 놀라운 것이고 대자

연 앞에 겸손해져야 한다. 그리고 대자연과 인문학 그리고 사람의 불편함을 개선할 때 혁신적인 물건과 서비스가 나오는 것이다. 필자도 꼭 발견해서 인류에게 공헌하고 싶다.

"죽음이 다가왔을 때 우리의 육신과 혼이 어떤 상태에 있어야 하는지를 생각하고, 인생은 짧다는 것, 시간은 과거와 미래로 무한히 뻗어 있다는 것, 모든 물질적인 것들은 무력할 뿐이라는 것을 생각하라."
– 명상록, 232page

갑자기 1990년도에 방영한 「사랑과 영혼」이라는 영화가 생각이 났다. 줄거리는 이런 내용이다. 결혼을 약속한 남녀 주인공은 영원한 사랑을 꿈을 꾼다. 그런데 샘이 괴한에게 총격당하고 갑자기 죽는다. 갑작스러운 사고로 연인 몰리의 곁을 떠나게 된 샘은 천국으로 향하지 못하고 그녀의 곁을 맴돈다. 하지만 육체가 없는 샘의 존재를 알아차리지 못한다. 다른 영혼의 도움을 받게 된 샘은 자신만의 방식으로 그녀에게 사랑을 전하고자 한다.

「사랑과 영혼」은 많은 연인의 눈물을 자극했다. 죄를 지은 사람이 죽으면 어둠의 영들이 곳곳에서 몰려들어서 그 사람의 영혼을 어두운 곳으로 끌어가고 그 사람은 비명을 지르고 끝이 난다. 이 세상을 착하게 살은 사람들은 하늘에서 큰 빛이 내려오고 밝은 곳으로 천사들이 인도해서 하늘로 올라간다. 참 유치한 내용이지만 그 당시 착하게 살아야 한다는 것을 많은 사람에게 각인시킨 것은 확실하다. 「명상록」에서도 말하는 것은 동일하다. 죽음 이후에는 또 다른 세상이 있다는 것은 확실하다. 어리석은 사람은 보고서도 믿지 않는다. 지혜로운 사람은 하나님이 눈에 보이지 않아도 성경을 통해서 역사적 사건들을 통해서 하나님을 믿는다.

필자는 2024년 6월, 예뜰순복음교회 장로 임직을 받았다. 하나님을 마음으로 믿고 고백한다. 장로의 직분을 자랑하는 것은 아니다. 그만큼 책임감과 하나님께서 나를 통해서 하실 일들을 겸손히 받아들이고 내가 할 수 있는 오늘의 일을 최선을 다해서 하는 것이다. 또한 죽음 앞에서 물질, 돈, 금, 부동산, 주식, 코인 등이 무력하다는 것을 인정해야 한다. 필자는 물질과 금융이 참 좋다. 그러나 이것은 이 땅에서 살 때만 필요한 것이고 다른 세상으로 갈 때는 쓸모없는 것임을 인정해야 한다. 물질의 무력함을 깨닫는 것이 현명한 사람이라는 것이다. 물질과 죽음을 이분법적사고로 접근하면 곤란하다. 물질은 나쁘고 죽음은 좋다. 그러면 베르테르의 슬픔처럼 더러운 이 세상 죽음으로 마무리하자. 다음 세상에서 만나자. 이상한 방향으로 나가면 곤란해진다.

필자가 좋아하는 속담 중에 '개똥밭에 굴러도 이승이 좋다'라는 속담이 있다. 비록 가난에 찌들고 천대를 받아도 죽는 것보다는 사는 것이 낫다. 삶에 강력한 애착이 담긴 말이기도 하다. 사람들이 죽음을 두려워하는 이유는 죽음에 대해서 아무런 정확한 정보가 없기 때문이다. 책으로 정확하게 나온 것도 없고 사람은 언젠가는 90세 전후로 죽는다. 어쩌면 운이 다 되면 오늘 밤에도 운명할 수 있다. 이런 정도의 정보로 죽음을 준비하면 정말 슬픈 이야기가 만들어진다. 성경에서 '한번 죽는 것은 사람에게 정해진 것이요. 그 후에는 심판이 있으리라.(히브리서 9장 27절)' 라고 말하며, 죽음 이후의 심판을 경고한다. 필자도 이 말씀을 믿는다. 그리고 영원한 심판 이후에 영원 나라의 삶이 이어진다. 천국과 지옥으로 가는 곳이 정해져 있다. 성경의 말씀은 빙빙 돌리지 않는다. 직설적으로 천국과 지옥을 말한다.

단테의 신곡도 지옥, 천국, 연옥을 아주 구체적으로 말하고 있다. 특히 지옥문 앞에 적힌 글이 아직도 생생하다. '여기 들어오는 모든 자는 온갖 희망을 버려라.' 지옥은 정말 1%의 희망도 없는 곳임에 확신한다. 이렇게 많은 인문고전에서 죽음을 말하고 있다. 조금만 관심을 두면 이 세상이 끝이 아니라는 것은 바로 알 수가 있다. 그러나 눈과 귀를 닫는 자에게는 아무것도 들리지도 보이지도 않는다. 귀 먼 소경으로 이 세상을 하루하루 살아가는 것이다. 전혀 진실을 알 수가 없다. 본인이 모른다고 없다고 말하면 곤란하고 어리석은 대답이다.

필자는 이제 마르쿠스의 「명상록」을 결론지으려 한다. 로마제국의 16대 황제이면서 수많은 전쟁터에서 일기를 쓴 것이 「명상록」이다. 하늘의 권력을 갖고도 늘 배우려 하고 공부했던 황제 마르쿠스다. 전쟁터에서 일기를 써서 기록했던 마르쿠스는 대단한 왕이다. 그리고 전쟁터에서 군수물자를 통해서 누군가는 많은 돈을 벌었을 것이다. 사람이 많이 모이는 곳에는 반드시 돈을 벌 수 있는 기회가 찾아온다. 이것을 볼 수 있는 눈을 키워야 한다. 이것이 인문학이기도 하다.

필자는 자본주의가 좋다. 돈 버는 것이 매우 좋다. 지금 사는 21세기가 매우 좋다. 여전히 보이지 않는 신분제도가 존재하고 차별이 심하지만 공부하고 노력하면 새로운 세상을 꿈꿀 수도 있고 실패를 할 수도 있다. 마르쿠스는 대부분을 전쟁터에서 인생을 보냈다. 황제면서도 불편한 전쟁터에서 책을 읽고 글을 쓰고 황제로서의 품위를 지켜나갔다. 하물며 지금의 시대에서 돈을 벌고 모으는 것은 너무나 쉽다고 말할 수 있다. 최악의 조건에서도 살아가고 본인의 임무를 완성한 것을 보면 말이다. 돈을 버는 것을 넘어서 이제는 남을 이롭게 하는 사람만이 원하는 것을 이룰 수 있는 시대가 오고 있다.

넷플릭스 영화 「탈주」의 마지막 대사로 마무리하고 싶다. 「탈주」는 휴전선 인근 북한 군부대에서 복무하던 한 중사가 탈북을 시도하며 생기는 운명적인 이야기를 말하고 있다. 주인공 규남은 "마음대로 실패할 수 있는 곳으로 가고 싶다."라고 말하면서 남한으로 넘어온다. "북한은 실패도 허락되지 않는다."라는 대사에서 남북한의 현실의 벽은 여전히 높지만, 이것도 언젠가는 무너지리라 생각한다.

오늘도 필자는 실패하러 간다. 따라오시죠.

> 오래 살기를 바라기보다 잘살기를 바라라.
> – 벤자민 프랭클린 –

10.
사막에서
돈 버는 방법

「유토피아」 - 토머스 모어

10.
사막에서 돈 버는 방법

「유토피아」 - 토머스 모어

　토머스 모어는 1478년 런던의 밀크 스트리트에서 법관 존 모어 경의 둘째 아들로 태어났다. 당시에 런던 최고의 학교 중 하나인 세인트 앤서니에서 교육받고 12세에 캔터베리 교구의 대주교이며 대법관이던 존 모턴의 집에 들어가 2년 동안 그의 비서로 살며 식견과 인맥을 넓혔다. 옥스퍼드대학교에서 2년간 공부하면서 라틴어와 그리스어를 공부했다. 20대에는 수도사를 동경해서 4년간 거의 수도사처럼 살기도 했다. 성서와 교부철학, 고전문학에 조예가 깊었고 에라스뮈스, 존 콜렛 같은 르네상스 학자들의 친구이자, 청빈하고 유능한 법률가 및 공직자로서 사회 전체의 신뢰를 얻었다.

"절도는 사형으로 처벌해야 할 정도의 중범죄가 아니다. 게다가 생계를 해결할 수 있는 유일한 방법이 절도나 강도질하면, 아무리 가혹하게 처벌한다 해도 그것을 막지 못한다." - 유토피아, 39page

모어는 영국의 강력한 법이 범죄자를 만든다고 말한다. 법이 강력하면 사람들이 지킬 것 같지만 먹고살기가 어려우면 어쩔 수 없다는 사회 구조적인 문제를 말하는 것이다.

필자는 기독교 장로이다. 성경의 율법엔 '○○○(어떠한 것)을 하라'라는 게 248개 있고, 하지 말라는 것이 365개 있다. 바리새인들이 주장하는 율법은 613개 정도가 된다. 아무리 믿음이 좋은 사람도 613개의 법을 지킨다는 것은 불가능하다. 하나님께서 우리를 만드시고 사랑하셔서 꼭 지켜야 하는 계명을 만들어 준 것이다. 이것을 어기면 벌을 받는다는 게 아니다. '사랑하는 자녀들아 이것을 지키면 악한 길에서 떠나서 너희가 건강하고 평안을 유지하고 자손이 복을 받는다'는 의미이다. 613개의 율법 중 한 개만 어기면 천벌을 내리겠다는 게 아니다. 자식이 성장할수록 부모의 마음을 이해할 수가 있다. 너희도 자녀를 낳아보면 안다는 이야기가 그래서 부모가 되어야 진짜 아비의 마음을 알 수 있는 것이다. 머리로는 알 수 있지만 가슴으로는 알 수가 없다. 법도 율법도 마찬가지이다. 힘써 지키게 될 때 법을 만든 자의 따뜻한 마음을 이해할 수 있는 것이다. 그래서 토머스 모어는 절도를 저지를 수밖에 없는 사회적인 구조를 비판한 것이다.

"그 양들은 처음에는 아주 온순했고 먹이도 조금만 먹으면 되었다. 하지만 지금은 아주 탐욕스럽고 사나워지기 시작했고 사람들과 농장과 집과 마을을 집어삼켜 초토화를 시키고 사람까지도 잡아먹는다고 표현하고 있다."
- 유토피아, 45page

영국은 농업국가로서 농사를 짓기 위해 많은 사람이 필요했다. 그러나 양을 키우기 시작하면서 인력을 줄이게 되었다. 16세기 영국은 모직공업이 번창하게 되었고 양모 가격이 폭등하게 되었다. 영국산 모직이 수출품으로 인기를 끌게 되었다. 영국의 습한 기후는 양을 방목하기에 적합했다. 100명이 농사짓던 땅을 목초지로 바꾸면 양치기 한 명에 개 한 마리면 되니 인건비도 매우 절약되고, 양모는 금값처럼 비싸게 팔 수 있으니 지주들에게는 이런 횡재가 아닐 수 없었다. 농민들은 마을에서 하루아침에 쫓겨나고 집도 생업도 잃게 되었다. 그래서 이들은 구걸하다가 잡히면 태형, 도둑질은 교수형에 처하니 범죄자를 사회가 만드는 괴한 현상이 일어나게 된 것이다. 항상 사회 변화의 피해자는 농민들이고 서민들이고 백성들이다.

요즘 시대도 비슷하다. 인건비가 너무 비싸졌다. 2024년 기준 최저임금은 9,810원. 2025년 기준으로는 1.7% 상승한 10,030원이다. 인건비가 오르면 가게를 운영하는 사장들은 순익이 줄어들 수밖에 없다. 그래서 작은 가게도 키오스크를 놓게 된다. 햄버거를 먹거나 커피를 한잔 마시려 해도 키오스크로 주문해야 한다. 현금을 사용하기가 어렵다. 60세 이상 어른들이 기계로 주문하는 것은 대단히 어려운 일 중의 하나가 되어버렸다.

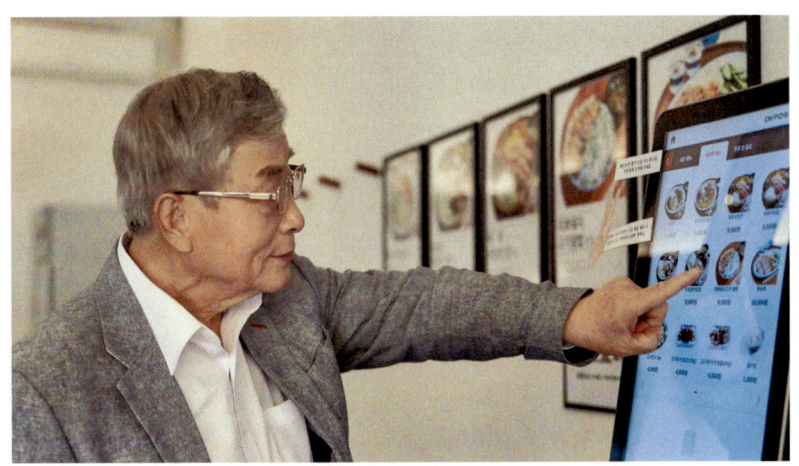

　국회 과학기술방송통신위원회에서 발표한 국내 키오스크 보급 현황에 따르면 2022년 기준, 민간 분야에 설치된 키오스크는 2만 6,574대로 2019년 8,587대에서 3배가량이 증가했다고 한다. 앞으로는 인건비의 문제로 키오스크 보급이 더욱 늘어날 예정이다. 그러나 기계마다 통일되지 않은 기준 탓에 노인을 비롯한 고령층의 고충은 이중으로 늘어나는 셈이다.

　700년 전 영국에서는 양이 사람을 잡아먹었지만, 지금은 기계가 사람을 잡아먹는 시대가 된 것이다. 사람들이 일할 곳은 점점 줄어들고 국가에서 주는 기본소득만을 바라보는 사람들이 늘어나고 있는 것이 현실판 유토피아인 것이다. 이런 현실에서 어떻게 부자가 될 것인가를 자꾸 생각해봐야 한다. 점점 사라질 직업을 선택하는 것이 아니라 전망이 좋고 사람들의 수요가 있는 사업을 해야 한다. 퇴직금으로 치킨, 피자, 커피집을 하면 망한다고 생각하면 된다. 만약에 커피집을 한다고 하면 수많은 커피집에 커피 원두를 값싸게 공급해주는 유통을 하면 좋을것 같다. 그리고 모든 자영업자가 힘들어하는 세금 문제를 편하게 계산해주는 앱을 만들어서 기장료를 저렴하게 해주는 것도 좋은 부자가 되는 방법이기도 하다. 자꾸 묵상을 해야 한다. 인문고전을 읽고 계속적으로 현실과 비교하면서 연결고리를 찾아야 부자가 될 수 있다는 사실을 깨달아야 한다. 돈을 버는 방법은 늘 어디에나 있다.

"절도죄를 사형으로 처벌해도 절도죄는 사라지지 않는 것이 지금의 현실입니다." - 유토피아, 51page

토머스 모어는 어떤 사람을 죽이는 것과 어떤 사람에게 돈을 훔치는 것은 범죄의 유사성이나 상관관계가 존재하지 않는데도 모든 범죄는 같다고 하여 다 똑같이 처벌해야 한다는 스토아학파의 주장도 무리가 있다고 지적한다. 모어는 23살부터 법학과 교수로서 법을 가르치고 공부했다. 법에 대한 학자 중의 학자이다. 사람들을 통제하는 것이 강력한 법만으로는 부족하다. 절도범을 잔인하게 극형에 처하는 것은 사람들에게 큰 공포심을 불러일으켜 그런 범죄를 막아보려는 의도이긴 하지만, 실제로는 선량한 대다수 사람마저 공포로 몰아넣고 있는 현실이다.

2022년, 넷플릭스에서 촉법소년을 소재로 한 「소년심판」이라는 드라마를 방영했다. 촉법소년이란 형법 제9조에서 말하는 형사미성년자들이다. 10세 이상 14세 미만의 미성년자로서 범죄를 저지른 소년을 지칭한다. 형사처벌을 책임질 능력이 없기 때문에 처벌 대신 보호처분이 내려지게 된다. 「소년심판」은 이것을 악용해서 범죄를 저지르고 피해 간다는 내용이다.

착한 사람들은 법을 몰라도 죄를 짓지 않는다. 그러나 자기보다 약한 사람, 법을 잘 알고 있는 나쁜 사람들은 이것을 이용해서 범죄를 저지르고 법망을 피해 간다. 그러나 「도덕경」에서 말하고 있다. 하늘의 그물은 느슨하지만 절대로 새는 법이 없다. 죄를 지으면 반드시 벌을 받는다는 말이 착하게 하루하루를 살아가는 대다수의 사람에게 위로와 평안을 줄 때가 많다. 그래도 사회가 유지되려면 최소한의 법과 사랑과 배려가 있을 때 유지되고 건강해지는 것 같다. 흔한 가정집에서도 아이가 아버지 몰래 500원을 가져갔다고 해서 경찰서에 신고하지는 않는다. 그 돈으로 대부분 군것질을 했을 것이다. 그리고 꼬리가 길면 들키기 때문에 계속하기도 어렵다. 또한 부모님께 혼나고 용서받고 다시 일상으로 돌아간다. 그러면 나중에 성장해서 비슷한 상황이 생길 때, 자신이 겪었던 것처럼 그 아이를 용서하고 잘 타이르게 된다. 이것이 가정이고 사회이다. 필자는 이런 정이 넘치는 사회가 좋다. 지금도 꿈꾸고 있다.

"농촌으로 이주해 농사일을 하는 기간은 법에 2년으로 정해져 있기 때문이다." - 유토피아, 103page

농부로 뽑힌 도시민은 땅을 경작하거나 가축을 기르거나 벌목을 해서 자신이 생산한 것을 육로나 해로를 통해 도시로 보냈다. 유토피아에는 사유재산이 없다. 그래서 사람들이 살게 될 집은 10년마다 추첨으로 새로 정해진다.

필자는 자본주의가 좋다. 부동산을 특히 좋아한다. 열심히 일해서 재산을 축적하고 어려운 사람들에게 기부도 하고 책도 쓰고 그것으로 선한 영향력을 주고 싶다. 그러나 유토피아에선 부동산을 공부할 필요도 없고 부동산을 살 필요도 없다. 평범한 사람이 서울에서 10억 원짜리 아파트를 구매하려면 평생 돈을 모아도 부족하다. 그래서 은행 대출과 본인 돈을 합쳐서 20년 또는 30년 이자와 함께 갚아나간다. 농담으로 본인 집은 화장실뿐이라는 농담도 한다. 유토피아에선 추첨으로 10년마다 집을 주니 조금 어이가 없다. 열심히 살 의지가 꺾인다. 경쟁도 없다. 성적순도 없다. 당연히 과외도 없다. 찬찬히 생각하면 행복할 수도 있다. 경쟁이 없는 사회, 누군가를 밟고 올라가지 않아도 되는 사회, 공정한 사회라는 생각도 든다. 다행히 현실에는 없고 유토피아에서만 존재하는 나라이기에 감사하다.

"입는 옷은 성별이나 결혼 여부에 따라 조금 다른 것을 제외하면 모두 똑같을 뿐만 아니라, 평생 같은 옷을 입는다. 이 옷은 보기도 아름답고 활동하기에도 편한 데다가 추위와 더위에도 적합하다."
— 유토피아, 113page

당시 영국은 귀족들도 있었고 파티문화도 많았다. 그래서 토머스 모어는 이런 것이 낭비라고 생각한 것 같다. 유토피아 사람들은 옷도 집에서 각자 만들어서 입는다. 모든 사람이 양복 한 벌의 정장으로 만족하는 나라이다. 그것도 2년 동안 입어야 한다. 의복을 공장처럼 제조하는 곳은 어디에도 없다. 필자는 금융업에 일하다 보니 양복을 많이 입는 편이다. 평상복이 없을 정도다. 부동산정책은 별로지만, 나라에서 정해준 옷을 개인적으로 만들어서 입는 의복 정책은 좋다. 특히 한국 사람들은 계절, 날씨에 따라 옷을 잘 입는다. 필자는 이것이 어렵다.

유토피아의 좋은 점도 있다. 유토피아에서는 하루 6시간만 일하면 된다. 오전에 3시간, 오후에 3시간. 점심 식사 후 2시간 동안은 휴식을 취한다. 500년 전에도 워라밸을 꿈꾸었던 것 같다. 잠도 8시간을 자게 되어 있다. 잠을 푹 자니 불면증도 없을 것이다. 선진국으로 갈수록 불면증 처방이 많아진다. 이는 제약회사의 대박적인 돈벌이다. 유토피아에서 제약회사는 망하는 업계 1순위다. 개인적으로 이런 생각을 하면서 빵 터졌다. 유토피아에선 안 되는 사업이 많다고 생각해서이다. 국가 정책과 사업가 사이에는 다양한 연관성이 있음을 이해해야 자본주의에서 돈 버는 것이 보이고 활용할 수 있다. 항상 생각하고 고민해야 한다.

거지와 가난한 사람도 없고 부자도 없다. 모두가 평범한 인생을 살아간다. 모든 것을 국가에서 통제한다. 이상 국가인 것이다. 가능할지는 모르겠다. 필자는 개인의 잠재적 능력과 달란트를 중요시한다.

숙제와 회사 일로 밤을 새워보는 것도 중요하다고 생각한다. 밝아오는 아침은 그 여느 날과 다른 것이다. 더욱 밝고 영롱한 하루일 것이다. 창조적이고 기쁨이 넘쳐나는 것이다. 그러나 유토피아에서는 평균을 살아가고 내일을 걱정할 것이 없기에 그냥 어제의 하루가 오늘의 하루일 것이다. 필자는 이것이 싫은 것이다. 오늘을 밀도 있게 살아간 사람은 반드시 내일이 조금씩 바뀌게 되어 있다. 이것을 맛볼 수 없는 것이 유토피아의 최악의 단점이라고 생각한다.

"유토피아에서 금을 사용하는 것도 특이합니다. 관청이나 가정에서 아무렇게나 사용하는 집기를 만드는 데에 금과 은을 사용합니다. 또한 노예를 결박할 때, 쇠사슬이나 족쇄를 만들 때 사용합니다."
 - 유토피아, 136page

토머스 모어는 귀족들과 부자들이 금을 통해서 부를 축적하는 것에 대한 불만이 있었던 것 같다. 그 결과 욕심이 생기고 범죄가 일어난다고 생각했을 것 같다. 그래서 유토피아에서는 어릴 때부터 금과 은의 사용처는 하찮은 것, 죄수들을 결박할 때 사용하는 것, 사용 용도가 몹시 나쁜 것이라고 교육하고 싶었던 것 같다. 수요가 있을 때 공급이 오는 것처럼 찾는 사람이 없다면 아무리 비싼 것도 개똥만 못하다.

2024년 10월 기준, 금값은 1년 전에 비해 40%가량 치솟은 상태이며 올해 연간 상승률은 2007년 이후 최고치를 기록할 것으로 전망한다. 금융전문가들은 중동 지역의 불안과 미 대선 결과에 관한 불확실성, 세계 중앙 은행들의 금리인하 등이 겹치면서 안전자산인 금에 대한 수요가 커졌다는 분석이다. 금의 단위 온스(ounce)의 어원은 라틴어에서 시작되었다. 라틴어에서 'uncia'는 길이나 무게를 나타내는 단위였으며 특히 로마에서 사용된 1파운드의 12분의 1에 해당하는 무게 단위를 가리켰다. 1온스는 약 28.35g이다. 일반적으로 일상에서 사용하는 온스는 이 값을 기준으로 하며, 주로 미국에서 무게 단위로 사용된다. 예나 지금이나 금은 세계공통으로 사용하는 것임에는 틀림없다. 토머스 모어는 유토피아를 통해서 금의 가치를 현실 세계에서와 반대로 사용하고 싶었던 것 같다.

요즘 금값이 올라가면서 '금테크'를 시작한 사람들도 많다. 한 달에 반 돈 정도를 매입하는 것이다. 실물로 금을 사는 것이다. 쿠팡에서 금을 매입하려고 조사했더니 금 1돈에 세공비가 더해지니 금테크로서의 매력이 없었다. 세공한 금을 사면 안 되고 순수한 금덩어리를 사야 재테크의 목적에 부합한다. 내가 아는 어떤 지인은 매달 금 한 돈을 산다. 전쟁이 나면 제일 먼저 은행 문이 닫히고 돈을 찾을 수가 없다. 한국 돈(원화)은 휴지가 되는 것이다. 그러면 금, 비트코인, 달러가 돈이 되는 것이다. 그래서 옛날 부잣집에 금, 달러가 많이 있는 것도 금융지식이 높았던 결과이기도 하다. 지금부터 금을 사라는 이야기가 아니다. 위기의 순간에 금, 비트코인이 필요하다는 이야기이다.

2022년 2월 24일, 러시아가 우크라이나를 침공했다. 전쟁은 러시아의 승리로 끝날 것 같았으나 현재도 진행되고 있다. 그 결과 물가가 세계적으로 폭등했다. 특히 우크라이나는 세계 3대 곡창지대 중 하나이다. 세계적으로 옥수수, 밀, 보리 등 세계 5위의 수출국이기에 타격이 더욱 크다. 당시 전쟁이 시작될 때 많은 우크라이나 부자들이 금과 비트코인을 들고 탈출했다는 이야기가 미국 타임지에 실렸다. 세계 어느 나라든지 부자들은 알고 있다. 전쟁, 위기의 순간에는 금, 비트코인이 나를 지켜주는 무기가 된다는 것을 말이다.

속담에 교토삼굴(狡兔三窟)이라고 했다. '지혜로운 토끼는 굴을 3개 준비한다.' 이것은 위험이 닥치기 전에 미리 준비를 해놓아야 한다는 의미이다. 이것은 영리한 토끼만을 위한 이야기는 아니다. 지금의 시대를 살고 있는 우리에게 메시지가 있다. 이거 아니면 죽는다, 라는 절대적인 목표도 때론 필요하다. 그러나 지금의 시대는 유연성이 절실히 요구된다. 팔랑귀가 되라는 이야기가 더욱이 아니다. 본인의 플랜 안에 3개의 계획을 갖고 인생을 준비하고 나아가라는 뜻이다.

필자의 직업은 현대해상 지점장이다. 그리고 2024년 10월에 생명보험 회사 12개를 오픈했다. 앞으로의 10년은 1개의 보험사가 아닌 다양한 회사와 상품을 통해서 발전하려는 필자의 교토삼굴인 것이다. 그리고 하나의 플랜은 글쓰기이다. 보험과 금융은 아무리 건강해도 80세 전후면 정리를 해야 한다. 그래서 필자는 그 이후의 인생을 글쓰기로 이어가고 싶은 것이다. 글쓰기도 하고 돈도 벌 수 있는 방법을 챗GPT와 연결해서 찾고 있다는 것이다. 앞으로의 인공지능 AI와 챗GPT의 영향력은 절대적이라고 말할 수 있다.

챗GPT를 공부하고 학습하지 않으면 기계가 일자리를 빼앗는 것으로 오해를 한다. 그러나 인공지능과 챗GPT를 공부하면 이것을 통해서 나의 경쟁력이 올라가고 생산성이 이전보다 비교할 수 없을 정도로 향상되는 것이다. 마치 사막에서도 돈을 벌 수 있는 방법이 계속 생기는 이치이기도 하다. 그래서 인공지능, 챗GPT를 준비하고 있다. 지금의 시대는 사막보다 더 치열한 시대를 살아가고 있다. 사막에서 살아남는 방법을 챗GPT에게 물어봤다. 제일 중요한 것은 물이라고 이야기했고, 그다음은 공포와 절망 속에서 침착함과 희망을 유지할 때 생존 확률이 높아진다고 명쾌하게 답변했다. 지금의 시대는 AI와 경쟁하는 시대가 아니라 협력하는 시대를 살아야 한다. 그래야 사막이라는 인생의 큰 강을 건너갈 수가 있다. 무엇보다 AI 관련 법률, 알고리즘의 투명성, 관련 지식을 습득해서 자신의 직업에 적용할 때 상상할 수 없는 일들이 일어날 것이라고 필자는 확신한다.

이 글을 읽는 독자들도 한가지 직업에 성공했다는 자신감을 내려놓고 3개 이상의 분야에서 성공하고 두각을 나타내야 한다고 감히 말하고 싶다.

> 자기인생을 스스로 책임져라.
> 그렇지 않으면 평생 명령만 받고 살 것이다.
> - 로버트 기요사키 -

11.
나를 비우고
돈을 버는 방법

「도덕경」 - 노자

11.
나를 비우고
돈을 버는 방법

「도덕경」 - 노자

노자는 기원전 580년 진나라 고현 곡인리(현재의 허난성 루이현)에서 태어났다. 노자는 주나라 수장실에서 오늘날 도서관 직원에 해당하는 수장실 관리로 벼슬을 지냈다. 어느 날 노자에 대해 익히 알고 있었던 함곡관의 영윤이 노자에게 "세상을 등지고 은둔하려 하시니, 간절히 청하건대 저를 위해 책 한 권을 써주시오."하고 부탁하자 노자는 자신의 생활 체험과 왕조의 흥망성쇠, 백성의 안위화복을 거울로 삼고 그 기원을 밝혀 상하 양편으로 도와 덕의 뜻을 논술하는 오천 여자의 책을 저술했는데, 그것이 바로「도덕경」이다.

고등학교 때 노자의「도덕경」은 윤리시험 문제에서도 많이 나왔다.「도덕경」을 생각하면 현실 도피적, 소극주의 은둔이라는 생각을 떠

올린다. 필자는 사람과 사회, 그리고 우주를 처음 이야기한 사람이 노자라는 사실에 깜짝 놀랐다. 우주의 근본과 원칙을 말하고 있는 것은 동양사상에 놀라운 사건이기도 하다. 그리고 「도덕경」은 자연의 도로 출발해서 윤리적인 덕에 이른다는 것이다.

"사사로움이 없기 때문에 도리어 자기의 목적을 이룬다."
- 도덕경, 41page

글을 읽을수록 역설적이다. 지금의 시대는 목적이 이끄는 삶을 살라고 주장한다. 목적이 삶을 이끌어준다고 한다. 어느 정도는 맞는 말이다. 2700년 전(B.C. 500년) 말한 대로 된다는 서양의 자기계발서를 필자는 좋아한다. 그러나 「도덕경」의 사사로움이라는 것을 다시 해석하게 된다. 필자가 해석한 사사로움은 이것이다. '누구에게도 얽매이지 않고 자신의 일을 성실하게 하루하루 감당하는 것'이다. 그렇게 할 때 학연, 지연, 스펙을 뛰어넘어서 진정 그 시대가 요구하는 사람이 될 수 있는 것이라고 생각한다. 처음에는 학교가 중요하고 고향이 중요하지만 그다음부터는 실력과 성실함이 받쳐주어야 성장할 수 있다. 목적이 이끌어주는 것이 아니라 또 다른 것으로 증명할 때 가능한 것이다. 그래서 노자의 「도덕경」이 지금이 시대에 더욱 빛이 난다.

"최고의 선은 마치 물과 같다." - 도덕경, 43page

물은 만물을 이롭게 하고 다투지 않는다. 필자는 조선왕조 500년을 좋아하고 역사를 사랑한다. 조선을 세운 이성계는 위화도 회군을 통해서 고려의 장수에서 조선의 왕으로 등극하는 기회를 잡았다. 그러나 이성계의 자식들은 자신의 공로를 내세워 한자리를 차지하려고 혈안이 되어 있었다. 이방원은 아버지의 가장 친한 벗(정몽주)을 철퇴로 죽인다. 이방원의 「하여가」를 보면,

"이런들 어떠하리 저런들 어떠하리 만수산 드렁칡이 얽어진들 어떠하리 우리도 이같이 얽혀져 백 년까지 누리리라."

고려의 충신이면 어떻고 새 나라(조선)이면 어떠냐? 우리같이 한편이 되어서 사이좋게 백 년 만년 살아보자는 말이다. 필자는 이방원이 「도덕경」의 물과 같다고 생각한다. 물은 더운 것, 깨끗한 것 모두 씻어준다. 그리고 낮은 곳으로 흘러가는 도의 성격이다. 그러나 정몽주의 답가를 들어보자. 「단심가」이다.

"이 몸이 죽고 죽어 일백 번 고쳐 죽어 백골이 진토 되어 넋이라도 있고 없고 님 향한 일편단심이야 가실 줄이 있으랴."

나는 백번 죽어도 오직 고려의 충성스러운 신하로 변치 않겠다는 뜻이다. 불과 물이 만나니 한쪽이 죽어야 끝나는 게임인 것이다. 필자는 하여가를 선택한다. 지금 시대에 맞게 변해서 새로운 나라를 만

들고 싶다. 어릴 적에는 단심가가 좋았다. 한 사람을 사랑하고 죽으리라. 동물 중에서 한 짝을 사랑하고 죽는 짐승이 늑대라고 한다. 젊을 때는 멋있다고 생각했다. 그러나 이제 나이가 반백 살을 살다 보니 나쁜 사람, 좋은 사람 잘 섞여서 살아가는 것이 좋다. 좋은 사람도 어느 순간에 나에게 나쁜 사람이 될 수 있다. 맹자의 측은지심이다. 다른 사람을 불쌍히 여기는 좋은 마음이다. 나쁜 사람도 아이가 우물에 빠지면 손잡아서 구해줄 수 있다는 것이다. 사람을 내가 알고 있는 생각으로 판단하면 안 된다. 필자는 모든 사람은 가능성이 있다고 생각한다.

어느 사람에게 가능성의 길을 열어놓는 것은 어른으로서 해야 할 일이기도 하다. 젊은 사람들에게, 조금 모난 사람들에게 기회를 주어야 한다. 그래야 창조적인 방법이 떠오르고 공동체가 발전하고 성장한다고 생각한다. 그래야 좋은 일들이 많이 생긴다고 생각한다.

"공을 이루면 물러나는 것이 하늘의 도이다." - 도덕경, 46page

항룡유회(亢龍有悔). 솟아오른 용은 반드시 후회한다. 공을 세운 뒤에는 마땅히 물러나야 한다. 장량은 한고조 유방을 도와 항우를 격파하고 천하통일의 커다란 공을 세운 일등 공신이다. 건국 후 유방의 끈질긴 만류에도 불구하고 스스로 물러나 은둔생활을 하였다. 반면 자신의 공을 자만했던 한신은 토사구팽당해 끝내 목숨을 잃어야 했다.

사람의 심리가 공을 세우면 대우받기를 원한다. 그러나 공을 세운 것을 강조하면 사방에 적들이 생기게 된다. 적들이 많아지면 나의 작은 흠을 크게 확대하여 역적으로 몰아갈 수도 있다. 전쟁터에서는 장수가 필요하지만 나라가 평안해지면 장수보다는 행정가가 필요하다. 그러니 자신의 공을 주장하면 자꾸 싸울 수밖에 없다. 한번 생각하면 물러나는 것이 이상한 행동이지만 조금만 깊게 생각하면 장량의 태도는 큰 그림을 그리고 최선의 길을 선택한 것이다. 자신의 목숨보다 소중한 것이 어디 있겠느냐? 장량은 전쟁에서도 승리했고 일상으로 돌아와서도 자신의 자리가 어딘지를 정확하게 알고 있었던 현명한 전략가이다.

　투자상품인 주식, 코인을 투자할 때도 비슷하다. 투자 격언에 "무릎에서 사서 어깨에서 팔아라." 사람의 욕심을 두고 한 말이다. 어느 정도 수익이 나면 팔아야 한다. 욕심이 들어가면 자꾸 대출을 받고 투자하지 말아야 하는 돈을 끌어오는 경우가 있다. 그러면 그때부터 세력들은 바로 팔고 폭락을 기다리고 있다. 누구든지 낙관을 기대할 때가 제일 위험할 때이다. 손해를 보지 않고 조금씩 이득을 보는 사람이 고수인 경우가 많다. 홈런만 치려고 하면 자세가 크고 헛스윙이 많아진다. 안타를 쳐서 점수를 낼 수 있는 상황을 자주 만들어야 홈런도 나오는 것이다. 「도덕경」의 말처럼 어느 정도 공을 이루면 물러나는 것이 다음을 기약하는 최고의 병법인 것이다.

　"총애를 받는 것과 모욕을 당하는 것 모두 놀라움을 주는 것이다."
　- 도덕경, 58page

사람들에게 총애를 받는 것은 좋은 일이고, 모욕을 받는 것은 좋지 않은 일이다. 그래서 얻어도 놀랍고 잃어도 놀라게 된다. 주역에도 화(禍)와 복(福)이 새끼줄처럼 같이 온다는 말이 있다. 우리말로 표현하면 호사다마라고도 할 수 있다. 좋은 일과 나쁜 일은 같이 온다는 뜻이다. 항상 좋은 일만 있을 수 없고 또한 나쁜 일만 계속 일어날 수도 없다는 뜻이다. 그래서 집안에 경사가 있어도 항상 조심하고 자세를 낮추는 인생의 태도가 절실히 필요한 것이다. 또한 안 좋은 일에 있다고 해서 너무 기죽지 말고 어깨를 펴고 하루, 하루를 감당하면 반드시 좋은 일들이 기다리고 있다고 필자는 믿고 있다.

부자들의 투자기법 중에서 버티는 기술을 소개받은 적이 있다. 바로 주식, 부동산 투자 때 3년을 기다리면 대부분 회복이 된다는 이론이다. 평범한 이론이기는 하지만 부자들이 평균 3년을 버틴다. '존버'한다는 것이다. 필자도 코인 투자를 한다. 코인 투자를 3,000만 원대부터 시작해서 1억까지 올라갔다가 2,200만 원까지 떨어졌다. 다들 손절하고 나갔다. 필자는 절반은 손절하고 절반부터 다시 적립식으로 투자하면서 원금회복을 했다. 2년 5개월 정도 걸렸다. 결론은 기다리면(존버) 반드시 회복된다. 비트코인은 4년을 주기로 반감기가 온다. 이것을 규칙적으로 반복하면서 상승, 하락을 반복하는 것이다. 그러나 그때까진 너무나 힘든 시간을 건너가야 한다. 머리로 하는 것이 아는 것은 아니다. 마음, 행동으로 버티고 있어야 투자에서도 성과가 나는 것이다. 부자의 성공하는 투자 습관은 3년을 존버하는 것임을 기억해야 한다.

"가장 좋은 통치자는 백성들이 그가 있는지도 모르고 있는 상태이다."
- 도덕경, 70page

그다음의 통치는 백성이 왕에게 친근감을 느끼고 칭찬하는 것이다. 그다음은 백성이 왕을 두려워하는 것이다. 그다음은 백성이 그를 경멸하는 것이다. 필자는 인간관계를 배울 때 친근하고 칭찬받는 리더가 되길 꿈꾸고 준비했다. 그래서 어느 정도의 성공과 열매를 맺게 되었다. 그러나 「도덕경」을 읽으면서 더욱 큰 리더십을 발견했다. 그것은 있으나 마나 한 사람이 되는 것이다. 공을 세우고 자신의 공로를 자랑하는 것이 아니라 슬그머니 사라지는 것이다. 지금의 시대는 왼손이 하는 일을 오른손에게 알리는 시대이다. 마케팅의 시대인 것이다. 인스타, 페이스북으로 자신이 얼마나 잘살고 있는지, 본인이 얼마나 위대한 사람인지를 매일 세계 곳곳에 알리는 것이다. 그러나 「도덕경」은 말하고 있다. 정치는 바로 무위의 정치로서 백성들로 하여금 본연의 자연스러운 삶을 영위해갈 수 있도록 한다. 노자는 오직 통치자가 자연에 순응하면서 자연법칙에 의거할 때 비로소 '도(道)'에 일치되었다고 말하는 것이다. 이런 지도자를 누가 싫다고 하겠는가? 필자도 이런 지도자가 되도록 더욱 성장하고 발전해야겠다.

"참된 지혜란 곧 인위와 작위가 아닌 자연이고 수식이 없는 소박함이며,

결코 남에게 과시하고 보여주기 위한 것이 아니다. 이것이 곧 도(道)이다."
– 도덕경, 74page

  노자는 유교를 비판하면서도 동시에 스스로 인의예지신의 유교 사상을 적극적으로 수용했다. 자신을 가장 높이 평가하는 물처럼 한없이 포용적이고 관대한 인물이었다. 인생을 살면서 옆집 사는 사람이 좋은 차를 뽑으면 나도 그 사람과 수준을 비슷하게 해야 한다거나, 앞집에서 해외여행으로 로마를 다녀왔으면 나는 최소 유럽의 체코 정도는 다녀와야 한다고 생각한다. 이런 행동은 노자가 말한 것처럼 자연적이지 않고 인위적일 수 있다. 우리 속담으로 이야기하면 "뱁새가 황새를 따라가면 가랑이가 찢어진다"라는 것이다. 자신의 분수를 모르고 무턱대고 남을 따라 하다가는 패가망신할 수 있다는 부정적인 의미인 것이다. 노자는 이것을 날카롭게 비판한 것이다.

  주식, 부동산, 코인도 비슷하다. 본인이 공부를 하고 내공을 쌓으면서 투자하는 것은 건전한 것이다. 그러나 남들이 주식으로 돈 좀 벌었다고 나도 그들을 따라서 직장인 대출을 받고 보험을 대출받아서 덥석 시작하는 것은 반드시 실패로 갈 수밖에 없다. 운이 좋게 한 번은 성공해도 투자의 원칙이 없으면 세상의 원리는 망하는 길로 안내를 한다. 필자는 최근에 주식이든 코인이든 무조건 적립식 투자로 변경했다. 일정 수익이 나면 바로 팔고 가족과 맛있는 음식을 먹는다. 그리고 이 정도의 수익이 났다고 말한다. 그 뒤엔 다시 적립식으로 주식, 비트코인을 시작한다. 그러면 마음이 너무 편하다. 예전처럼 한번 먹을 때 한껏 먹을 수는 없지만 잃지는 않는다. 필자는 이런 투자가 좋다. 투자로 벼락부자를 꿈꾸는 것은 철없는 생각이다. 세상 공부를 좀 더 해야 한다. 필자 주변에서도 700원짜리 코인이 10만 원이 될 거라고 꿈을 꾼다. 백 보 양보해서 갈 수도 있다. 그러나 못 갈 확률이 90%이다. 그러면 작은 이익이라도 자주 내고 욕심을 버리고 승률을 올리는 것이 매우 현명하다. 3년 뒤 행복할 수도 있지만 지금의 작은 행복을 누리는 것이 필자의 투자철학이기도 하다. 지금 행복해야 나중에 좋은 결과가 나와서도 행복할 수 있다. 10만 원이 되면 행복해질 것 같지만 절대 그렇지 않다. 더욱 많은 문제에 직면하고 다시 그 문제에 끌려갈 수밖에 없는 것이 투자의 현실이다. 그래서 지금 행복할 수 있는 투자를 하는 것이 필자의 소망이고 철학이다.

"사적인 욕심을 줄이고 본질을 유지하고 소박함을 지키다."
- 도덕경, 78page

노자가 말한 '도(道)'를 깨달으면 저절로 소박해지고, 욕심도 끊어질 수가 있다. 그러나 사람의 욕심은 늘 쑥하고 올라오는 것이다. 잡초는 가꾸지 않아도 늘 자라난다. 아이들에게 착하게 살아야 한다고 가르쳐야 하지만 욕하고 남을 미워하는 것은 알려주지 않아도 그냥 배우게 된다. 사람이 참 악한 것을 말한다. 사욕을 줄인다는 것은 거의 불가능하다.

을사오적 (이완용, 이지용, 박제순, 권중현, 이근택)

    나라가 일본에게 지배받을 때 을사늑약을 체결한 을사오적을 살펴보자. 첫째, 대한제국의 학부대신인 이완용이다. 둘째, 내부대신 이지용이다. 셋째, 외부대신 박제순이다. 넷째, 농상공부대신 권중현이다. 다섯째, 군부대신 이근택이다. 가장 높은 자리에 있는 사람들이 나라를 팔아먹어도 이 다섯 사람은 호의호식할 수 있었다. 대한제국을 일본에 넘기는 것에 일등 공신을 한 것이다. 이렇게 사욕이 넘치게 대대손손 욕먹는 일도 할 수가 있다. 그래서 이익보다는 명분이 좋아야 한다. 아무리 이익이 많이 되어도 남에게 피해를 주고 욕을 먹는 일은 하지 않는 것이 지혜인 것이다.

    대한제국을 팔아먹은 이완용의 후손들은 국가를 상대로 소송도 진행 중이라고 한다. 빼앗긴 조상의 땅을 찾겠다는 것이다. 이들의 변호를 맡은 변호사도 정말 나쁜 사람이다. 변호할 사람이 없어야 이완용의 자손들도 부끄러운 줄 알고 반성하는 것이다. 변호사비를 5배 줄 테니 변호를 맡아달라고 사정해도 해주면 안 되는 것이다. 이것이 변호사의 품격이다. 돈만 많이 준다면 없는 죄도 만들어내는 것은 정말 격을 떨어뜨리는 행동인 것이다. 대한민국의 품격이 아직 이 정도의 수준이 안되는 것이 부끄러울 뿐이다. 이렇게 사욕은 무서운 것임을 꼭 기억해야 한다.

"이 우주에 네 종류의 큰 것이 있으니 사람 역시 그중 하나다. 사람은 대지를 본받고, 대지는 하늘을 본받고, 하늘은 도(道)를 본받는다. 그리고 도(道)는 자연을 본받는다." - 도덕경, 95page

여기서 자연이란 형태가 없는 것을 말한다. 즉, 자연을 말하는 것이다. 결국 자연은 도의 본질이고 도는 자연을 표현한 것이다.

루소의 초상화

루소의 책 「에밀」에서 보면 알 수가 있다. 자연은 결코 인간을 속이지 않는다. 우리를 속이는 것은 항상 우리 자신이다. 자연을 통해 배우라고 말한다. 자연은 끊임없이 자신을 단련한다고 말하고 있다.

2024년 기준, 필자가 현대해상 보험 일을 시작한 지 23년째이다. 좋은 일도 많았지만 나를 속이고 손해를 끼친 사람들도 많이 만났다.

그래서 성장했고 마음이 강해졌다. 그러나 루소와 노자가 말하는 자연은 우리를 속이지 않는다는 대전제이다. 만물의 영장인 사람만이 사람의 뒤통수를 치고 사람의 속을 뒤집어 놓을 수 있다. 나이가 들수록 자꾸 자연을 찾고 산을 좋아하고 꽃을 좋아하게 되는 이유이기도 하다. 필자는 아직까지는 자연으로 돌아가고 싶지는 않다. 아직 미성숙한 것 같다. 필자는 자연보다는 교회가 가깝고, 병원이 근처에 있고 현대해상 건물이 5분 안에 있는 장소가 명당이라고 생각한다. 그래서 집, 교회, 직장이 5분 거리 안에 있다. 이것을 맞추는데 10년 정도가 걸렸다. 큰 그림을 그리고 이사를 하면서 맞추었다. 그래서 오고 가는 시간을 줄이고 좀 더 일하고 좀 더 쉬는 것을 선택했다.

"경솔하면 곧 근본을 잃게 되고, 조급하면 곧 주인의 풍모를 잃게 된다."
- 도덕경, 98page

어떤 사물이든지 모두 양면성을 갖고 있다. 그러므로 부귀영화 속에 내가 있더라도 그것을 초월해서 그 배후에 위험을 미리 통찰해서 알 수 있어야 한다. 마치 손자병법에서 평화를 위해서 평상시에 전쟁 준비와 힘을 키우라고 말하는 것과 일치한다. 임진왜란 때 선조는 이순신 장군에게 부산까지 출정해서 싸우라고 명령했다, 그러나 이순신 장군은 부산에서의 싸움이 불리함을 알고 출정하지 않았다. 그 결과 왕의 명령을 거역해서 사병으로 강등되고 의금부로 압송까지 되었다. 그리고 이순신 대신 정적 원균을 통제사로 임명했다. 원균도 그것을 알았지만 무리한 출정을 했고 그 결과 조선의 수군 3만 명과 함선 200여 척을 잃게 되었다. 그동안 이뤄낸 이순신의 승리가 모두 물거품이 되는 순간이었다. 어리석게도 선조는 이순신에게 육군에 합류하라고 했다. 바로 이때 "소인에게는 12척의 배가 있습니다."라는 명대사가 탄생하게 되었다. 그 뒤, 명량대첩에서 일본군에 대항해 큰 승리를 안겨주게 된다. 선조는 마음이 조급하고 경솔했던 것이다. 수상전에서는 이순신을 이길 수 있는 사람이 없었고 그것을 믿고 기다려주었으면 또 다른 결과가 있었을 것이다.

이런 광고가 있다. '저녁때 의자를 사지 마라.' 피곤할 때는 어떤 의자든 편안하게 느껴지기 때문에 성급한 결정을 내리게 된다는 것이다. '외로울 때 사람을 만나지 말라.' 작은 호의에도 넘어가서 큰 실수를 할 수 있기 때문이다. '배고플 때 음식을 사지 마라.' 배고프면 많은 음식을 먹을 것 같지만 실제로 남겨서 버리는 경우가 많기 때문이다. 배고플 때 필자는 물을 한 컵 마신다. 그러면 잠시 뒤 포만감이 밀려와 과식하지 않게 된다. 배고플 땐 물 한 컵이 상당히 중요하다. 조급함은 사람을 실수하게 만든다. 그래서 중요한 결정일수록 시간을 충분히 갖고 결정해야 실수하지 않는다.

　최근에 서울경찰청은 코인을 맡기면 40일 뒤에 이자를 20% 준다는 다단계사기극을 발표했다. 약 1만 명에게 5,000억에 상당한 돈을 뜯어내 사기를 쳤다. 전산으로는 이자가 붙는 것처럼 보이지만 실제로 찾을 수는 없는 계좌를 만든 것이다. 피해자는 대부분 60대 여성들이었다. 1인 최고 피해 금액은 약 92억이었다. 평생을 써도 남을 거금인데, 20% 수익에 눈이 멀어 사기를 당한 것이다. 2024년 10월 기준으로 한국은행 금리는 3.25%이다. 어떻게 7배가 넘는 이자를 준다는 말에 쉽게 넘어갈 수 있을까 싶겠지만 사람의 욕심과 경솔함이 만나면 가능하다는 것이다.

　필자도 코인을 하고 있지만, 스스로 책을 읽고 공부하고 내공을 쌓아 투자한다. 남의 의견을 듣고 시작하는 것은 돈을 날릴 확률이 높다는 것이다. 항상 공부하고 전문적인 투자가의 조언을 듣는 것이 투자의 정석이다. 사실 이 진리는 너무나 지루한 게임이다. 그래도 이것이 맞는 방법이다. 이 방법을 벗어나면 위 사례처럼 엄청난 돈을 벌어주겠다는 사기꾼을 만나게 되어 있다.

노자는 말한다. 물극즉반(物極則反). '극에 이르면 쇠하여진다. 또는 모든 사물은 그 극에 도달하면 다시 원위치로 되돌아온다'는 뜻이다. 즉, 흥망성쇠는 반복된다는 해석이다. 항상 잘나간다고 기뻐할 필요가 없다. 다시 전성기가 끝나고 새로운 것을 준비해야 한다는 말이다. 반대로 일이 안 풀리고 어렵다고 낙심할 필요가 없다. 조만간 좋은 일과 기운이 나에게도 올 수 있다는 뜻이기도 하다. 이번 2024년 여름은 더위와 열대야가 사상 최대로 기승을 부렸다. 그러나 시간이 지나면 더위는 사라지고 긴 소매 옷을 입고 서리가 내리는 것은 물극즉반의 또다른 모습이기도 하다.

주식, 코인, 부동산도 투자의 방법이 다르지 않다. 지금 코인 가격이 너무 오른 것 같아도 코인 상승장에서는 하루하루가 역대급 기적을 만들고 있다. 지금이 가장 저렴한 가격인 것이다. 이것을 깨닫는 순간은 버스가 떠난 다음이다. 그래서 사람이 지혜로워진다고 한다. 죽음의 문 앞에서 욕심, 경솔, 재물, 권력 등이 아무 소용이 없다는 것을 알게 된다는 것이다. 그렇다고 돈도 필요 없고 권력도 필요 없다는 것은 더더욱 아니다. 돈의 목적과 사용 방법을 숙지해서 이 땅에서 사용하고 베풀어야 한다는 뜻이다. 그리스인 조르바의 말처럼 "남을 위해서 사는 인생이 나를 구원하는 유일한 방법"이라는 사실을 꼭 기억해야 한다. 그래야 돈과 자본주의의 덫에서 벗어날 수가 있다. 자본주의는 사방이 지뢰밭이다.

"남을 아는 사람은 지혜롭다고 말한다. 그러나 자신을 아는 사람은 진정으로 총명하다고 한다. 남을 이기는 자는 강하다고 말한다. 그러나 자신을 이기는 자는 진정으로 강한 자이다." - 도덕경, 118page

이 말은 노자의 인생관을 말하는 것이기도 하다. 남을 이기고 남을 아는 것이 중요한 시대이다. 2,700년 전 노자는 자신을 이기고 자신의 정체성을 아는 것이 100배 이상 중요하다는 것을 말하는 것이다. 인생의 많은 문제가 나 자신에 관한 것이다. 나랏일, 국제정세, 금리, 금 시세, 주식, 비트코인, 부동산 시세 등 살면서 알아야 할 것이 너무 많다. 그러나 자신의 달란트, 재능, 인내심, 정체성 등 내가 어떤 일을 할 때 행복지수가 올라가는 것인지 알아야 전쟁에서, 세상 속에서 살아남고 남도 도울 수 있다는 것이다. 그래서 노자는 2,700년 전에 본인을 이기고 본인을 아는 것이 중요하다고 한 것이다. 정말 대단한 발견이고 질문인 것이다. 모든 문제의 답은 내 안에 있다는 것을 각성해야 한다. 모든 자기계발의 특징은 내가 변하는 것이다. 환경을 변화시키는 것은 두 번째로 할 일이다. 첫 번째의 변화는 내가 변하는 것임을 명심해야 할 것이다.

"유약함이 강함을 이긴다." - 도덕경, 126page

또한 없애고자 한다면 반드시 먼저 그것을 흥하게 해야 한다. 빼앗고자 한다면 반드시 먼저 주어야 한다. 자본주의적 입장에서 보면 말도 안 되는 논리이다. 필자가 보험회사에 다닐 때 실적이 없는 점포에 가면 상사들이 주로 하는 말들이 이와 비슷한 논리이다. "마른 수건도 짜면 물이 나온다"는 말이다. 계속 달달 볶으면 결과가 조금이라도 나온다는 말이다. 그리고 당근과 채찍을 통해서 달래면 목표한 실적에 드디어 도달하게 되는 신기한 일이 벌어진다. 그래서 세상에서는 말도 안 되는 말들이 가끔씩 통할 때가 있다. 물극즉반도 비슷한 말이다. 극과 극은 통한다, 최고점에 이르면 변하게 되어 있다는 말도 같은 논리에서 나온 것이다.

"커다란 명예는 명예가 없는 것이다" - 도덕경, 142page

귀한 것은 천한 것으로써 근본을 삼고, 높은 것은 낮은 것으로써 기초를 삼는다. 빛나는 구슬이 되려 하지 말고, 돌처럼 단단할 것이다.
대한민국 고등학교는 모든 것을 성적으로 표시한다. 필자는 수능 1세대이다. 학력고사 땐 전국순위가 1등에서 꼴찌까지 나왔었다. 정말 대단한 자신감이다. 이것이 문제가 되자 등급으로 애매하게 표시하면서 사람을 등급으로 나누기 시작했다. 1등급, 2등급... 9등급. 그러나 「도덕경」에서는 무위(無位)를 말하고 있다. 우리 식으로 표현하자면 나의 정체성을 찾으라는 말이다. 신이 나에게 준 달란트로 살아가라는 말이다. 조선왕조 500년의 영향으로 우리는 무엇이라도 해야만 한다. 노동을 해야 하고 장사를 해야 한다. 그리고 그 대가를 받는 것이다. 자연 앞에서 찾고 물어보고 당당하게 살아가는 것이 무위(無位)라고 필자는 조심스럽게 말하고 싶다.

"진정으로 큰 형상은 형체가 없다. 도(道)란, 숨어있고 이름도 없으며 구불구불하고 부족한 듯 보인다. 나태한 듯도 하고 혼탁한 듯 보인다. 그러므로 도가 세상의 보통 사람에게 비웃음을 당하는 것은 당연할지 모른다."
 - 도덕경, 149page

 정말 어느 정도 경지에 이른 사람은 모든 사람을 다 맞출 수 있는 것이다. 격조가 높은 사람도 격이 낮은 사람도 동일하게 마음을 얻는 것 같다.

 필자는 어릴 때 성룡의 「취권」을 정말 재미있게 봤다. 청나라 말기 중국 광동성에 황기영이라는 사람이 운영하는 쿵푸 도장. 그의 아들 '황비홍(성룡)'은 무술 실력은 뛰어나지만 마을의 말썽꾸러기였다. 아버지는 참다못해 '소화자'라는 무술의 달인에게 그의 훈련을 부탁한다. 소화자는 괴짜 늙은이이다. 항상 술을 마시고 잘 씻지도 않았다. 성룡은 소화자를 싫어하고 도망치려 한다. 그러다 소화자의 무술 실력을 보고 다시 열심히 취권을 마스터한다는 내용이다. 싸움의 고수는 허술한 모습을 보이다가 결정적일 때 자신의 실력을 보인다는 것이다. 그래서 어린 나이에 '술을 마시면 싸움에 고수가 될 수 있을까?' 고민한 적도 있다.

노자의 '큰 형상은 형체가 없다'는 말이 조금은 이해가 된다. 남자가 여자를 꼬시기 위해 밥을 사주고 선물을 주고 그 사람의 뜻을 따라서 해주는 것을 큰 사랑으로 본다. 그렇게 살다가도 서로 싫어지면 이혼하고 재산분할하고 헤어진다. 그러나 부모님께서 나를 낳아주시고 길러주시고 아플 때 병원 가고 끝까지 책임져주는 큰 사랑은 당연하게 여기는 것도 아쉽다. 큰 사랑에는 역시 형체가 없다. 나이가 들면서 큰 형상에는 형체가 없다는 말이 조금 이해가 간다. 그러나 세상 사람들은 자기가 이해하지 못하면 없다고 말한다. 참 재미있다.

필자가 주식을 시작했을 때가 15년 전이다. 2010년경이다. 이때도 주식을 하면 망한다고 다들 쉬쉬하는 분위기였다. 그러나 기업이 가치를 주식으로 나누어서 매주 주를 모으는 시스템이 필자는 너무 좋았다. 은행 이자보다 큰 배당과 기업의 가치가 올라가면 매매할 때 수익도 남길 수 있어서 좋았다. 남들이 아니라고 할 때 시작하고 공부하는 것이 진짜로 가치가 있다. 이익도 크다.

"만족할 줄 알면 욕됨을 면하게 되고, 그칠 줄 알면 위험하지 않게 된다. 재물을 지나치게 아끼면 반드시 크게 소비하게 되고 많이 쌓아두면 반드시 크게 망하게 된다." - 도덕경, 155page

글을 읽으면서 「중용」이 생각났다. 중용은 기원전 5세기 '자사(공자의 손자)'가 쓴 것으로 전해진다. 중용은 요즘처럼 극단적인 대립과

갈등이 사회를 멍들게 하는 시기에 더욱 절실히 요구되는 철학이다.

언뜻 생각하면 중용이란 중간을 말하는 것 같다. 예를 들면 진보와 보수의 중간인 중도, 부자와 빈자의 중간인 중산층, 우월과 열등의 중간인 평범 등을 말하는 것 같다. 그러나 중용을 읽어보면 그것이 아니라는 것을 알 수가 있다. 진정한 중용은 역동적인 에너지가 끊임없이 교류되며 불편하지 않고 양극단을 모두 이해하고 품을 수 있어야 한다. 역사를 시간대별로 나열하는 것이 역사가 아니다. 역사는 현재와 과거를 끊임없이 소통하고 말하는 것이라고 했던 영국의 사회학자 '에드워드 카'의 말이 생각났다. 서로를 모두 이해하고 품을 수 있어야 한다는 말이 정말 어렵지만 도전하고 싶다. 그래야 공동체가 분리되지 않고 서로를 조금씩 이해할 수 있다고 생각한다.

필자도 결혼을 해서 자녀가 2명이다. 어머님의 입장과 며느리의 입장에서 중용은 너무나 필요하다. 어머님 편을 들 수도 없고 아내의 편을 들 수도 없는 어려운 상황이 종종 일어난다. 양쪽 다 역동적인 교류를 통해서 서로가 살 수 있는 방법을 찾기란 쉬운 결정이 아니지만 불가능한 것도 아니다. 필자는 돈 버는 것이 좋다. 돈을 처음 벌 때는 월 급여가 500만 원만 되어도 너무 행복할 것 같았다. 그것이 달성되자 1,000만 원이 너무 벌고 싶었다. 성공의 상징이다. 보험영업 10년 만에 1억 연봉을 넘었다. 그런데 이상하게도 전혀 기쁘지 않았다. 겉으로는 너무 기쁘고 축하를 받았지만 늘 해결해야 할 고객의 요청과 사건 사고가 정말 끝도 없이 밀려와 결국 과로로 입원하고 성대 결절 수술도 두 번이나 받게 되었다. 보험 영업이 너무 재미있지만 과도한 업무가 겹칠 때는 가끔은 과부하로 너무 힘들다. 그래서 책을 집필하면서 기부도 하고, 많은 생각을 정리하고 혼돈된 마음을 정리할 수 있게 되었다. 또한 감사의 조건을 매일 찾아서 기록하면서 마음의 평안도 찾게 되었다.

앞으로 열 권의 책을 낼 계획을 하고 있다. 기부금액도 점점 늘려서 지금까지 300만 원, 500만 원을 차례로 기부했고 2025년 4월에는 700만 원 기부를 목표로 도전하고 있다. 2027년부터는 1천만 원씩 2년마다 기부하려고 한다. 「도덕경」의 말처럼 만족할 줄 알면 욕됨을 면할 수 있다는 말을 체험하고 있다. 만족하는 것은 더러워진 공기를 공기청정기가 정화해주는 느낌이다.

"도가 존중받는 이유와 덕이 진귀한 이유는 간섭이 없이 자연에 따르기 때문이다. 만물을 낳았지만 소유하지 않고 만물을 키웠지만 이를 드러내 자랑하지 않으며, 만물을 이끌지만 군림하지 않는다."
- 도덕경, 173page

필자는 아직 이것이 어렵다. 내가 한 것을 자랑은 못 해도 칭찬은 받고 싶다. 사업이든지 자녀든지 양육하고 키워서 잘 키웠다, 라는 말을 듣고 싶다. 그러나 「도덕경」의 큰 가르침은 드러내지 말라는 것이다. 나중에 드러내느냐, 지금 드러내느냐의 차이기는 하다. 이것이 필자는 어렵다는 것이다. 아직 더 성장해야 할 것 같다. 특히 자녀를 나의 소유물로 여기면 안 된다는 것을 새삼 깨닫게 된다. 나의 소유물이면 어릴 때는 가능하지만 성장하고 성인이 되면 이제 하늘을 날 수 있도록 길을 터주어야 한다. 이것이 필자는 어렵다. 그러나 방향은 알게 되었으니 기쁘다.

"천하에 금기가 많을수록 백성들은 가난해지고 백성들에게 예리한 무기가 많을수록 나라는 혼란에 빠지게 된다. 사람들의 지식과 기교가 많아질수록 기이하고 사악한 물건이 많아진다. 또한 법령이 많을수록 도둑이 많아진다." - 도덕경, 191page

사람이 사는 것은 2,700년 전이나 지금이나 비슷한 것 같다. 일상생활은 지금이 너무나 편하고 행복하지만 걱정하고 근심하는 것은 시간이 지나도 비슷한 것 같다. 토마스 모어의 「유토피아」에서 보면 도둑질을 하면 교수형에 처한다고 한다. 엄한 벌로 다스리면 백성이 말을 잘 들을 것 같다고 생각한다. 그러나 그 당시 영국은 농사일이 줄어들고 양모 산업이 발달하게 되었다. 그 결과, 이런 사회 구조의 변화로 인해 도둑이 많아질 수밖에 없게 되었다. 그래서 강력한 법이 효과가 없다는 것이 토머스 모어의 의견이다.

가정에서도 아버지가 무서우면 아이들이 정해진 규칙대로 잘할 것 같지만 실제는 엇나가기가 쉽다. 반대로 아버지가 "12시 안에만 들어와서 집에서 자라."는 등 이런 식의 큰 틀 안에서 살아가라고 말하면 아이들이 더욱 잘 지키는 경우도 있다. 필자의 아버지는 공무원이셨고 자녀들에게 "착하게 살아가라. 남에게 피해주지 마라."며 기본적인 것을 요구하셨다. 그 덕에 필자는 평범하게 학교생활을 잘할 수 있었다. 만약에 규율이 엄격한 부모 아래 성장했다고 생각해보면 너무 힘들어했을 것이다. 다시 한번 부모님께 감사를 드린다.

"화는 복이 기대하는 바이고, 복에는 화가 숨어있다."
– 도덕경, 194page

필자가 좋아하는 「도덕경」의 말이다. 어제는 옳다고 여겼던 행위가 오늘은 괴상하게 여겨지게 될 수도 있다. 어제는 착하게 여겨지던 것이 오늘은 사악하게 여겨질 수도 있다는 이야기이다. 필자가 좋아하는 속담에 '새옹화복(塞翁禍福)'이라는 말도 비슷한 말이다. 한때의 이익이 장차 손해가 될 수도 있고 한때의 화가 장차 복을 불러올 수도 있음을 이르는 말이다. 필자는 그래서 인생이 재미있다. 인생은 끊임없이 변화하고 순환한다. 서로 의지하고 반대의 가능성을 품고 있다는 뜻이기도 하다. 이 원리를 빨리 깨달아야 한다. 지금의 손해가 언젠가는 복이 되고 이익이 될 수 있기에 오늘 만나는 한 사람 한 사람이 소중하고 귀하다는 뜻이기도 하다.

필자는 보험 영업을 하면서 보험권유를 먼저 하지는 않는다. 왜냐면 보험 가입을 권유해도 대부분 가입하지 않는다. 굳이 말했다가 관계만 어색해진다. 그래서 필자는 상대가 도움을 요청할 때를 기다린다. 자동차 사고가 났을 때, 보험이 어디에 들어있는지 모를 때, 국경일 또는 주말에 사고가 나서 병원 가기 어려울 때 등 살다 보면 어려운 상황이 가끔씩 찾아온다. 그때 현대해상 김경철 지점장을 찾아달라고 한다. 그러면 반드시 연락이 한번 온다. 그때 정성껏 알고 있는 지식을 총동원해서 고객님을 도와드린다. 그러면 나중에 보험 상담으로 이어지고 좋은 결과가 기다리고 있다. 이런 방법이 보통 2-3년 정도 걸린다. 시간이 필요한 방법이고 지루한 게임이다. 그러나 결과는 확실하다. 확실하지 않은 과정을 통해서 보험과 상품을 권유하면 서로 불편한 관계가 된다. 확실한 방법으로 돌아가는 것이 빨리 가는 것이다. 화에도 복이 있고 복에는 화가 숨어있기에 겸손하고 조심해야 그 복이 오랫동안 머물러있을 수 있다.

"천하의 대사는 반드시 미세한 곳부터 시작된다." - 도덕경, 209page

무위의 태도로 일하고, 일을 일으키지 않는 방법으로 일을 처리하며, 아무런 맛이 없는 것으로써 맛을 삼는다. 즉, 큰 것은 작은 것으로부터 나오고 많은 것은 적은 것으로부터 나온다. 덕으로 원한을 갚는다.

필자는 속담을 좋아한다. 속담에 '첫술에 배부르랴.' 이 말을 처음 사용한 사람은 정조대왕이다. 정조는 재위 기간 24년 중 10년 동안 후손이 없는 채로 왕위를 지켰다. 왕후가 반복적인 회임 실패로 낙담하자 왕비와 측근들은 안절부절못했다. 그때 정조대왕이 건넨 말인 것이다. 필자는 세종대왕이 조선 전기를 빛냈다고 하면 조선 후기엔 정조대왕이 있다고 말하고 싶다. 연산군의 길을 갈 수도 있었지만 백성들을 위해서 세종대왕만큼 좋은 일을 많이 했다. 특히 탕평책을 통해서 정치적 분열을 막고 당파싸움을 줄여 나라를 안정적으로 이끌어간 것은 높은 평가를 해도 좋다. 그리고 규장각 설치와 문화발전을 이루었고 화성건설에 기중기라는 새로운 기술을 사용한 것은 놀라운 일이기도 하다. 정조대왕은 신해통공을 통해 상업뿐만 아니라 농업과 기술의 발전도 도모한 깨어있는 왕이기도 하다. 이렇게 많은 일을 한 정조대왕도 10년 동안 후사가 없어서 힘든 시간을 첫술에 배부르냐며 주변 사람을 격려했고 본인도 하늘의 뜻을 기다렸다. 정조대왕은 주역에도 능통한 사람이었다. 즉, 하늘의 뜻을 이해하려고 노력했고 자기의 부귀영화를 백성들을 위해서 사용한 성군 중의 성군이다. 필자도 일에 진척이 없을 때 노자의 「도덕경」의 말을 다시금 새겨본다. 그러면 마음의 안정을 찾고 다시금 힘을 얻는다.

"하늘의 그물망은 광대무변하여 성기지만, 한 점 새어나감이 없다."
– 도덕경, 236page

필자가 개인적으로 제일 좋아하는 문구이다. 하늘은 악인을 바로 심판하진 않는다. 그러나 한 점 새어나감이 없다. 그 사람에게 벌을 주든가 아니면 자식과 후손에게 심판한다는 무서운 말이다. 좀 더 말해보면 하늘의 도란 다투지 않고도 이기는데 능하며, 말을 하지 않지만 만물을 호응하며, 부르지 않아도 스스로 오고, 담담하게 천하 대사를 도모한다는 말이다. 그래서 인생이라는 큰 종이에 착하게 선하게 베풀고 살아야 한다. 일이 잘 풀리는 것도 나의 능력보다는 하늘의 도움이 있기에 가능한 것이다. 운칠기삼이다. 세상의 모든 일에 있어서 운이 7할, 재주는 3할이라는 소리이다. 세상을 살수록 운(하늘)이 따라주어야 돈도 벌고 좋은 사람도 만날 수 있다는 것을 정말 정말 느끼게 된다.

이것을 50살이 되어서 깨닫게 된 것이다. 그래서 필자는 2025년에 사단법인을 만들려고 한다. 그래서 사회에서 소외당하고, 공부하려고 하지만 도움이 필요한 학생들에게 장학금을 주려고 한다. 50%는 필자가 부담하고 50%는 기부를 받아서 도울 예정이다. 주변을 돌아보면 마음이 따뜻한 사람들이 생각보다 많다. 그 사람들에게 3,000원 정도 매달 기부를 받고 1년에 300만 원 정도부터 장학금을 골고루 나누어주고 싶다. 그러면 도움받은 학생들과 부모님들이 대한민국 사회에서 따뜻한 온기를 조금이나마 느낄 수 있지 않을까 생각한다. 그러다 보면 하늘이 감동하고 이 땅에도 선한 사람들이 복을 받고 나에게 주어진 일들에 최선을 다해서 사는 사회가 오리라 생각하고 기도를 드린다.

필자는 여전히 자본주의가 좋다. 물질이 매우 좋다. 열심히 지혜롭게 일한 사람에게 재물이 돌아가는 구조도 좋다. 자본주의에서 돈을 버는 것은 주식, 비트코인, 부동산 그리고 근로소득을 통해서 벌 수밖에는 없다. 부모에게 기업을 물려받는 소수를 빼고는 네 가지 방법을 통해서 부를 얻고 투자하고 늘려가는 방법을 배워야 한다. 그래서 필자는 부단히 네 가지를 공부했고 성공한 사업가들에게 많은 아이디어를 얻었다. 그러면서 돈의 길이 조금씩 보이기 시작했다. 이제 조금 보인 것이다. 그러기 위해서는 인문고전을 통해서 새로운 시각으로 세상을 볼 수 있어야 가능한 것이다. 필자는 이제 한 걸음을 나아갔다. 이제는 돈 버는 방법이 끝났다고 말하는 사람들이 종종 있다. 반만 맞는 말이다.

필자는 지금의 시대만큼 돈 벌기 좋은 시대가 없다고 생각한다. 고은 시인의 「순간의 꽃」의 내용이다. '내려갈 때 보았네 올라갈 때 보지 못한 그 꽃'이다. 자본주의에서 돈을 버는 방법도 비슷하다. 고수들에게는 보이지만 일반인에게는 아무리 말을 해도 돈 버는 방법이 보이지 않는 것이다. 딴 나라 이야기이다. 나와 상관없는 말인 것이다. 독자들도 더욱 분발해서 인문고전을 통해서 필자와 한걸음 같이 나아가길 소망한다. 「도덕경」의 무위의 사상은 아무것도 하지 않는 것이 아니다. 억지로 하지 않는다는 것이다. 자연에 맡긴다는 뜻이다. 상위권력이 와서 해결하고 나가는 것이 아니라는 것이다. 그 속에서 주변 사람들과 대화와 토론으로 풀어가라는 이야기이다.

「도덕경」을 읽고 깨달음으로 나의 직업과 달란트를 통해서 반드시 돈을 잘 벌어야 한다. 그 결과로 의도치 않게 남을 도울 수 있게 된다. 그 결과 인생의 가치가 더욱 빛날 수 있다. 개인적인 의견이다.

> 부자와 가난한 사람의 유일한 차이점은
> 시간을 어떻게 사용하느냐에 있다.
> - 로버트 기요사키 -

12.
지옥에서
돈 버는 방법

「신곡」 - 단테 알리기에리

12.
지옥에서
돈 버는 방법

「신곡」 - 단테 알리기에리

'단테 알리기에리'는 이탈리아가 낳은 가장 위대한 시인이다. 피렌체의 소귀족 가문에서 태어나 어린 시절부터 고전문법과 수사학을 배웠다. 중세 유럽의 학문적 전통을 총괄하는 대작「신곡」은 그리스도교적 시각에서 인간 영혼의 정화와 구원에 이르는 고뇌와 여정을 그렸다.

그는 당시 권력의 당파싸움에 휘말려 피렌체에서 추방당했다. 그 결과 35살부터 죽을 때까지 망명 생활을 계속하는 비참한 인생을 살면서 쓴 책이「신곡」이다. 단테 자신의 경험을 바탕으로 당대 정치 상황을 냉정하게 분석하고 풍자했다. 호메로스, 셰익스피어, 괴테와 더불어 세계 4대 시성으로 불리기도 하는 단테이다. 이제 단테의「신곡」으로 들어가 보자.「신곡」이 유명한 이유는 당시 대부분의 작품이

라틴어로 쓰여지곤 했는데 이 작품은 토스카나 방언으로 쓰여지다 보니 대중적으로 센세이션을 일으켰다. 그리고 대중이 좋아하는 지옥, 연옥, 천국 이야기 전개와 당시 실존 인물들을 장면마다 등장시켜서 대중들에게 대리만족을 준 것도 한몫했다. 당시 지도층에 신물이 난사람들의 마음을 읽고 그들을 한 명씩 지옥으로 떨어뜨리고 사이다 발언을 했으니 대중은 단테를 좋아하지 않을 수 없었던 것이다.

단테는 베르길리우스의 손을 잡고 "나는 그런 무서운 말이 새겨진 지옥문을 들어간다."라는 말과 함께 지옥편이 시작된다. 한참을 걷다보니 많은 사람들이 잠시도 쉬지 않고 커다란 바위를 혼신의 힘을 다해 밀고 있었다.

"저들은 무슨 죄를 저지른 것입니까? 놈들이 서로 욕을 하는 소리를 들어보면 알 수 있지 않느냐! 돈을 모이기만 한자, 낭비한 자이다."
- 신곡, 48page

지옥에서는 구두쇠나 낭비벽이 심한 사람들이 같은 형벌을 받는다. 필자는 낭비벽이 심한 사람이 더 큰 벌을 받을 것 같았지만 그렇지가 않다. 한쪽으로 치우친 사람은 동일한 벌을 받는 것을 단테는 말하는 것 같다. 특히 사치하는 사람은 수단과 방법을 가리지 않고 돈을 모은다. 남에게 피해를 주는 방법으로 말이다. 그래서 이런 형벌을 받는 것 같다.

지옥의 제7 영역의 제1층, 세 개의 계곡은 신의 뜻을 거스른 자, 자연의 이치를 배반하고 쾌락에 탐닉한 자들의 지옥이었다. 망자들은 벌거벗은 채 뜨거운 모래 위에 뒹굴며 고통을 이기지 못하고 울부짖고 있었다.

"하늘에서 내리는 불의 빗속을 맨발로 걸어가는 망령들 한번 쓰러지면, 그로부터 백 년 동안 같은 자리에서 뜨거움에 몸부림쳐야 하는 그들이다."
- 신곡, 80page

예전에 뜨거운 모래 위를 잠깐 걸어간 적이 있다. 너무 뜨거워서 뛰어간 적이 있다. 「신곡」을 읽으면서 이런 것이 계속되면 지옥이겠다는 생각이 들었다. 필자에게 짧은 순간이었지만 강렬하게 기억됐다. 망자들은 100년 동안 고통을 당하는 것이 형벌인 것이다. 죽을 수도 없는 것이다. 단테는 이런 형벌들을 어떻게 생각했을까 궁금해졌다.

베아트리체가 단테를 또 다른 지옥으로 인도한다. 사악한 구덩이에는 역청이 펄펄 끓고 있었다. 고열에 녹은 시커먼 역청이 구덩이를 가득 메우고 천천히 흐르고 있다. 거기에는 뇌물을 받은 관리들이 처참한 벌을 받고 있었다.

"이 세상의 어떤 물질도 한순간에 흔적도 없이 타버리거나 녹아버릴 만큼 뜨거운 역청의 바닥에서 죄인들은 녹지도 않는 온몸으로 뜨거운 고통을 느끼면서 영원히 헤엄쳐야 하는 것이다." - 신곡, 90page

가끔 뉴스에서 공무원들이 뇌물을 받고 공사를 해주고 나중에 죄가 밝혀져서 감방에 가는 장면이 생각이 났다. 당시 단테는 사회가 뇌물을 받고 혼돈된 세상이라고 생각을 한 것 같다. 그래서 뇌물 받는 사람을 아주 생각만 해도 뜨거운 역청의 바닥에 뜨거운 고통을 느끼라고 지옥의 형벌을 만든 것 같다.

베아트리체와 또 다른 지옥을 경험하는 단테이다. 솟구치는 악취, 가까이 다가서자 어둠에 눈이 익으면서 드러나기 시작한 그들의 모습에 나는 온몸의 감각이 마비되는 듯한 느낌에 사로잡힌다. 썩어가는 몸으로 바닥을 기어가는 망자들, 얼굴도 손도, 손가락도, 문드러져 곰팡이가 끼어있었다.

"거기에는 연금술사, 위조지폐범, 사기꾼들이 득실거리고 있었다. 몸서리쳐지는 악순환 속을 무수한 망자들이 구더기처럼 뒹굴고 있다. 썩은 몸이 스스로 부패의 씨앗을 기르고 있는 처참한 악순환이다."
- 신곡, 116page

필자도 어릴 때 만 원짜리 지폐를 복사해 본 적이 있다. 신기하게 비슷했다. 그래서 부자가 된 것 같았다. 한낮의 꿈으로 끝나기는 했다. 신문에서 신한은행 위폐감별사로 일하고 있는 배원준 외환사업부 팀장의 글을 읽었다. 배 팀장님은 위폐범이 위폐를 만드는 걸 막을 순 없지만 위폐감별사가 끊임없이 새로운 위폐 기술을 연구해 쫓으면 결국 위폐범이 위폐를 만드는 데 비용이 더 들어가게 돼 서서히 위폐는 감소하게 된다는 것이다. 위폐는 신뢰로 형성된 자본주의 화폐 기능을 타락시켜 국가 신뢰와 경제 체제에 부정적 영향을 끼친다. 그래서 위폐감별사는 이러한 위폐와 진폐를 구분해 화폐경제를 지키는 역할을 한다. 이런 긍정적인 면을 뒤로 하고 위조지폐범들은 새로운 수법을 만들어가고 있다. 돈만이 전부라고 부추기고 있는 시대의 풍조가 문제이기도 하다. 단테는 위조지폐범과 사기꾼을 아주 죄질이 나쁜 사람으로 보고 있다. 그래서 몸이 부패하고 썩은 냄새를 풍기는 벌을 받고 있는 것이다.

우리는 그 남자를 뒤로했다. 그리고 이윽고 지옥의 밑바닥, 최종지옥 주데카에 이르렀다.

"얼음 지옥의 제사 영역 주데카, 거기서는 신대에 많은 천사들을 유혹해 스스로 반란군을 조직하여 신과 그 낙원에 대해 모반을 획책한 미모의 타락한천사 루시퍼가 무서운 얼굴로 죄인들을 벌하고 있었다."

- 신곡, 136page

Gustave Doré의 루시퍼 그림

단테의 지옥은 인간의 죄와 벌에 대한 깊은 생각을 담고 있다. 지옥이 죽음 이후의 공간이 아니라 사람 내면의 어둠이라는 상상을 통해서 말하는 것이다. 특히 단테는 당시 라틴어가 아닌 이탈리아어(토스카나 방언)로 「신곡」을 집필했고 근대 유럽 문학의 길을 열어주었다. 그래서 대중들이 단테의 「신곡」을 좋아하는 것이다. 당시 정치적인 상황도 한몫한 것도 사실이다.

필자는 돈을 버는 것을 좋아한다. 열심히 돈을 벌었지만 그것이 돈 버는 방법의 전부는 아니다. 진짜 돈을 잘 버는 분은 바쁘지가 않다. 항상 놀고 있는 것 같다. 마치 시험 당일날 분주한 내가 생각났다. 이것도 해야 하고 저것도 해야 한다. 시험 당일은 공부의 집중력도 잘된다. 그러나 거기까지인 것이다. 정말 공부를 잘했던 아이 중에 한 명은 나처럼 바쁘지 않다. 천천히 교과서를 넘기고 여유가 있다. 마치 시험문제를 보고 온 것처럼 고개를 끄덕이면서 여유롭던 장면이 생각났다.

부자도 비슷하다. 바쁜 일정은 있겠지만 바쁘지 않은 사람이 부자이다. 인문학을 통한 내공이 쌓였고 세상은 나의 중심으로 돌아가기 때문이다. 돈의 흐름을 이해하고 있다. 지금이 돈의 침체기인지 상승기인지를 알고 있다. 부자들은 일반인들이 결정할 수 없는 어려운 인생 문제를 매일 풀고 답한다. 「신곡」에서 말하는 것처럼 정당한 방법으로 인생을 살아가야 한다. 특히 위조지폐를 만들거나 다단계를 통해서 누군가에게 피해를 주는 일은 절대로 하면 안 된다. 이런 사람은 잠시 지옥에서도 돈을 버는 것 같겠지만 하늘이 그를 반드시 망하게 한다. 하늘이 움직이면 끝난 것이다.
「그리스인 조르바」를 집필한 니코스 카잔차키스의 말을 하고 싶다.

"나를 구하는 유일한 길은 남을 구하려고 애쓰는 것이다. 이것이 돈을 많이 버는 방법이다."

이것을 단순한 말로 듣지 말고 나의 직업에 적용하고 실천할 수 있는 것을 찾아내야 돈을 벌 수 있는 것이다. 좋은 말은 그냥 좋은 말일 뿐이다. 이것이 내 것이 되고 열매를 맺으려면 나의 행함이 따라와야 한다. 작은 것부터 실천해도 너무 좋다. 노자의 말처럼 작은 것의 시작이 만물로 나아가는 것임을 알고 실천할 때 나의 인생에 다른 페이지가 열리는 경험을 할 것이다. 필자도 이것을 늘 경험하고 느끼려고 집중하고 있다. 다시 도전하고 실천하길 바란다.

「신곡」의 지옥편은 죄를 지으면 단순한 공포와 형벌을 받는다는 뜻이 아니다. 인간의 자유의지로 죄를 선택했을 때 얼마나 중대한 결과를 가져오는지를 보여주려고 한다. 인간의 위대한 능력은 생각하는 것이라고 말했던 파스칼의 명언을 깊이 있게 생각해봐야 한다.
깨닫고 실천하지 않는 것은 더 성장할 수가 없다. 좋은 의견으로만 남는 것이다. 내가 있는 곳에서 실천하고 움직일 때 하늘이 돕고 불가능한 것을 해낼 때 세상에 없는 돈 버는 방법을 지옥에서도 찾아내는 쾌감을 맛보는 것이다.

> 부는 마음의 상태에서 비롯된다.
> 누구든지 부유한 생각을 하면 부유한 마음을 얻을 수 있다.
>
> - 에드워드 영 -

13.
나는
1조의
가치가 있다.

「자기 신뢰」 - 랠프 월도 에머슨

13.
나는
1조의
가치가 있다.

「자기 신뢰」- 랠프 월도 에머슨

"모세, 플라톤, 밀턴이 남긴 가장 뛰어난 공로가 있다면 무엇인가? 그것은 책과 전통을 무시했고, 남들의 말을 모방하지 않고 자기 스스로 생각하는 바를 말했다는 데 있다." - 자기신뢰, 14page

필자는 개인적으로 구약성경의 모세를 좋아하고 존경한다. 하나님의 사명으로 노예에 있던 이스라엘 백성을 바로 왕에게 가서 자기의 백성을 달라고 당당하게 말하고 하나님의 약속하신 땅까지 인도하는 여정을 감당하는 지도자의 모습에서 문제가 생길 때마다 귀한 영감과 힘을 얻을 수 있다. 여기서 끝나는 것이 아니라 내 자신에게 자꾸 물어봐야 한다. 이문제를 풀기 위해서 어떻게 해야 하는가를 질문해야 풀릴 수 있다.

아이가 걸음마를 배울 때 하루에 70-100번 정도 넘어질 수 있다고 한다. 이런 행동은 신체 근육과 균형을 조절하는 법을 익히는 자연스러운 과정이다. 매일 넘어지는 것이 무의미해 보이지만 이것을 통해서 근육이 단단해지고 균형을 익힐 수 있다는 것이다. 그래서 어느 정도 걸음마가 성공하면 자연스럽게 자기가 원하는 곳으로 가게 되는 것이다. 우리의 인생도 너무나 비슷하다. 정조대왕의 "첫술에 배부르랴"가 정말 맞는 말이다. 천릿길도 한 걸음부터 우직하게 나아가면 실력이 쌓이고 1만 시간의 법칙을 통해서 내공이 있는 실력자가 되는 것이다. 남들에게 신뢰를 주고 본인이 하는 일을 통해서 자본주의의 물질이 흘러온다. 그것을 다시 이웃에게 보내는 연습을 통해서 우리의 공동체가 같이 성장하는 것이다. 필자가 바라는 이상적인 인생이다. 내가 성공하는 비결은 다른 사람의 도움으로 되는 것이라고 확신한다. 그래서 힘써 남을 도와야한다. 그것이 나를 구원하는 유일한 방법이다. 그리스인 조르바의 말이다.

"그러므로 주식회사는 자기신뢰를 혐오한다. 사회는 실재나 창조성보다 명목과 관습을 더 좋아한다." – 자기신뢰, 19page

정말 맞는 말이다. 사회라는 조직은 명목과 관습을 너무 좋아한다. 그래서 튀는 사람을 싫어한다. 튄다는 것은 다른 사람과 색깔이 다르다는 것이다. 다른 의견을 제시한다는 것이다. 이들은 늘 "이전에는 어떻게 했냐"고 물어본다. 이전에 했던 것을 그대로 따라야 욕을 안 먹기 때문이다. 그러나 이는 발전이 없는 결정이다. 지금도 사업이나 창업을 하겠다고 말하면 "똑똑한 줄 알았는데 왜 그러냐"는 분위기이다. 사업하지 말고 공무원 시험을 보라고 한다. 머리가 똑똑한 사람에겐 변호사시험을 보거나 의대를 가라고 한다. 물론 공부를 잘하면 할 수 있는 것도 많지만, 아직도 조선왕조 500년의 역사가 깊이 뿌리내리고 있다. 여전히 사, 농, 공, 상의 신분제도를 좋아한다는 것이다.

선비나 공무원이 나쁜 것은 아니다. 그러나 사업적 마인드가 좋은 사람이 공무원이 되는 것은 인생을 낭비하는 것일 수 있다. 공무원은 자신의 가족만 먹여 살린다. 나쁘지 않다. 그러나 사업하는 사람은 본인 가족뿐 아니라 남의 가족까지 적게는 3명, 10명, 1,000명도 먹여 살릴 수 있기 때문에 사회에는 사업가가 필요하다. 유대인 부모는 자식에게 사업을 권장한다. 우리나라는 치킨집, 커피숍을 차리는 수준에서 사업을 시작하고 도전한다. 필자는 이 부분이 너무 좋다.

사업은 돈 있는 사람이 하는 것이 아니다. 이타적인 사람이 하는 것이다. 남을 적극적으로 도울 수 있는 사람이 하는 것이다. 그래서 사업이 좋다. 자본주의가 좋다. 돈이 좋다. 사람이 좋다.

"나는 내가 중요하다고 생각하는 것을 해야지, 남이 중요하다고 생각하는 것을 해서는 안 된다." – 자기신뢰, 23page

어릴 때 공부를 잘하는 사람은 세상 살기가 아주 평탄할 수 있다. 우리나라는 특히 조선왕조 500년의 영향이 깊다는 것을 여러 번 말을 했다. 중·고등학교에서 공부를 잘하는 것은 정말 강력한 무기가 된다. 그러나 남들이 잘한다 잘한다는 것은 내 것이 아닐 수 있다. 이것을 잘 점검해야 한다. 그래야 나이 들어서 후회하지 않는다. 남이 좋아하는 인생에서 내가 좋아하는 인생을 살아가기 위해서는 내가 소중히 여기는 것에 일생을 걸어야 행복해질 확률이 높다.

예전에 서울대학교 교육학과를 다니던 28살 엘리트 학생이 서울에서 250만 원 받고 하루하루 살아가는 모습에 망치를 맞은 것처럼 충격을 받았다. 그래서 그는 서울대학교를 휴학하고 부동산 공부를 시작했다. 그리고 직장인 대출 5천만 원을 받아서 부동산 경매를 시작했고 지금은 집을 여러 책 보유하고 강의도 하는 사람이 되었다. 공부로 칭찬받는 것은 20대까지이다. 그다음은 내가 배운 학문으로 돈을 벌고 돈이 돈을 버는 방법을 빨리 익혀야 한다. 남들이 주식으로 돈 벌었다고 해서 주식하고, 비트코인으로 돈 벌었다고 해서 비트코인 하면 망할 확률이 높다. 99% 망한다고 보면 된다. "이 코인 사면 대박이야"라고 말하는 사람도 웃기고 그 말을 듣고 코인, 주식을 사는 것은 엄청난 바보 같은 짓이다. 그렇게 좋은 정보를 나에게 말해주는 바보가 이 세상에 어디에 있겠느냐. 다 사기꾼이라고 보면 된다. 그러나 이 말을 생각보다 많은 사람들이 믿고 투자에서 50% 이상 손실이 나서 손 털고 나오는 것을 많이 본다.

남들은 트렌드를 쫓아가야 한다고 설득한다. 그래서 주식, 비트코인을 하지 않으면 나만 뒤떨어져 있는 것 같기도 하다. 그러나 조금만 인생을 살다 보면 그것이 아니라는 것을 바로 알 수가 있다. 진실이 밝혀지는 시간은 오래 걸리지 않는다. 우리나라는 트렌드, 패션에 강하다. 남들이 유럽 여행 가는 분위기이면 나도 유럽 여행을 가야 한다. 이것은 아주 위험한 생각이다. 내가 사는 집 뒷동산을 가더라도 행복할 수 있는 방법을 찾는 것이 저자가 이야기한 것이다. 자기가 중요하게 여기는 것을 하는 사람이라고 보면 된다. 철학이 있는 행복한 사람인 것이다.

"현명한 사람들은 모두 오해를 받았다. 아니 이 세상에서 순수하고 현명한 영혼은 다들 그런식으로 오해를 받았다. 그러니 오해를 받는다는 것은 곧 위대하다는 뜻이기도 하다." – 자기신뢰, 27page

파타고라스, 소크라테스, 예수, 마르틴, 루터, 코페르니쿠스, 갈릴레오, 뉴턴 등 수많은 리더들이 오해와 편견에 시달리게 되었다.

갈릴레오 갈릴레이 초상화

갈릴레오 갈릴레이는 16세기와 17세기 이탈리아의 과학자로, 천문학, 물리학, 수학 분야에서 혁신적인 발견과 이론을 제시했다. 현대과학 발전을 이끌었다고 해도 과언이 아니다. 그 당시 태양이 지구를 돈다는 말이 과학적 진리에 가까웠다. 갈릴레오는 지구가 돈다는 말을 해서 종교재판을 받게 되었고 다시는 이상한 말을 하지 않겠다는 조건으로 석방되기도 했다. 종교재판에서 잘못 판결이 되면 화형을 당할 수도 있다. 이것을 마녀사냥이라고도 한다. 마녀라고 몰아가면 아무것도 필요 없다. 화형을 시키는 방법이 최선이다.

우리나라도 이념으로 어려울 때 남한에서는 "빨갱이입니다."라고 찍히면 직장 취업, 학교 근무, 군인, 공무원 등은 평생 할 수 없는 일이 되는 것이다. 아주 잘못된 방법이고 어리석은 행동이다. 그러나 지금도 어느 곳에서는 다른 방법으로 시행되고 있다는 것이 놀라운 일이기도 하다. 이렇게 새로운 이론, 이야기를 말하면 세상 사람들이 오해한다. 자기와 다른 의견을 말하는 것인데 틀렸다고 말하는 것이다. 그때 이렇게 생각해라. 당신은 위대해지고 있다는 것으로 간주하면 된다. 돈을 버는 것도 새로운 과학적인 것을 발견하는 것도 대중 속에는 답이 없다는 것을 명심해야 한다. 대중이 삼성전자 주식을 매달 사면 부자가 된다는 것은 새빨간 거짓말이다. 이것에서 벗어나야 부자로 한 걸음 나아가는 것이다.

"당신 자신을 믿어라. 결코 모방하지 마라. 매 순간 자기 재주를 내보여라. 평생에 걸쳐 쌓아온 누적된 힘을 보여줘라. 빌려온 남의 재주는 일시적이고 그나마 절반도 채 당신 소유가 되지 못한다. 각자는 조물주가 자신에게 가르쳐준 것을 가장 잘할 수 있다." - 자기신뢰, 55page

필자가 살면서 잘하는 것은 모방하는 것이다. 상대편의 장점을 찾아보고 그 사람의 좋은 습관들을 나에게 적용해서 실천을 해보는 것이다. 그러면 어느 정도의 효과가 있다. 거기까지이다.
모방은 원조를 이길 수가 없다는 것이 필자의 결론이다. 노력하면 어느 정도는 도달한다. 거기서 나의 창조적인 것이 나오지 않으면 원조를 이길 수가 없다.

천안의 호두과자도 유명하지만 필자는 순대를 좋아한다. 병천순대, 아우내순대, 소문난순대, 화가마순대 등 너무 많은 순대집이 넘쳐난다. 그래도 필자가 좋아하는 것은 병천순대를 제일로 꼽는다. 일단 맛있고 냄새가 나지 않는다. 그리고 순대를 푸짐하게 준다. 음식이 갖추어야 할 요소가 준비되어 있다. 맛이 없는 순대는 일단 냄새가 나고 가격도 싸지 않다. 먹어보면 두 번은 절대 가지 않는 곳이 된다.

에머슨이 말한 "당신 자신을 믿어라." 이 어려운 일을 할 수 있다는 것을 믿어야 한다. 또한 조물주가 자신에게 가르쳐준 것을 가장 잘할 수 있다. 이것을 빨리 찾아서 습관이 될 때까지 연습하고 노력해야 좋은 성과를 낼 수가 있는 것이다. 보험, 자동차 세일즈, 정수기, 가전제품 판매 등 매출의 성과가 바로 나올 수 있는 직업이기도 하다. 성공의 첫 번째가 내 자신을 신뢰하는 것이다. 자기 신뢰가 되어야 어려운 일들을 극복할 수 있는 것이다. 소박하고 평범한 일을 지속적으로 하면서 마음이 시키는 대로 해보는 것이다. 그러면 4차원의 세계를 만들어낼 수 있는 당신을 발견할 것이다.

필자가 말하는 4차원은 미래의 어느 날이다. 미래는 가만히 있어도 나에게 다가온다. 그러나 내가 현실에서 어떤 생각을 하느냐, 어떤 사람을 만나느냐, 어떤 책을 읽느냐에 따라서 반드시 달라진다고 생각한다. 이것을 깨닫는다고 한다면 인생에 엄청난 금맥을 찾은 것이다. 그래서 중요한 것은 생각이다. 블레즈 파스칼의 명언 "인간의 위대한 능력은 생각하는 능력이다."처럼 인간은 연약하지만 사고하는 능력을 통해서 위대해질 수 있다는 것이다. 비판적 사고, 창의력, 윤리적 판단이 앞으로의 세상에서는 더욱 중요한 덕목이 될 수 있다는 것이다. 항상 생각하는 힘을 키워서 본인의 일과 직업을 통해서 남을 반드시 도와야 한다.

"그러나 통찰은 의지가 아니고 감정도 의지가 아니다. 자각은 냉정한 것이고 소망 속에서 선은 죽어버린다. 볼테르는 이렇게 말했다. 선량한 사람들의 가장 큰 불행은 그들이 겁쟁이라는 것이다."
- 자기신뢰, 94page

선량한 사람들이 겁이 많은 것이 불행이 아니다. 위험(risk)을 회피하기 위해서 선택한 전략이라는 것이다. 다시 말하면 이것을 할 수 없는 이유를 논리적으로 삼단논법으로 설명하고 설득하기 때문에 겁쟁이라고 에머슨이 말한 것이다. 알리바바 창업자 마윈의 명언이 있다. 생각이 가난한 자와 일하지 말라는 것이다. 이런 사람은 새로운 아이디어를 제안하면 돈이 없어서 안 된다고 말한다. 작은 비즈니스를 말하면 돈이 안 된다고 말한다. 큰 비즈니스를 말하면 너무 크다고 말한다. 결국 이들의 공통점은 항상 안 되는 이유를 찾는 것에 능하다. 그리고 네이버, 구글에 검색하길 좋아하고 어떤 일도 시도하지 않는다.

성공하고 열매를 맺는 사람은 안 되는 이유보다는 가능한 이유 한 가지에 집중하고 매달린다. 그러다 보면 성공할 확률이 점점 올라가기 때문이다. 필자는 주식을 15년 전부터 시작했다. 이때는 주식하면 망한다고 했다. 주식은 도박이라는 시대에 주식을 시작했다. 그러나 필자는 증권거래소에 가서 CMA 계좌를 만들었고, 하루만 맡겨도 이자를 주는 증권회사 계좌를 만들고 고객들에게도 소개하고 주식도 시작했다. 급여 날인 매달 20일마다 주식을 매수했고 이를 10년 동안 반복했다. 이로 인해 복리를 경험하고 1억을 매도하게 되었다. 복리 효과로 8년 정도 매수하니 원금의 두 배가 되는 것을 경험했고 이것이 복리라는 것을 몸으로, 마음으로, 증권계좌로 알게 되었다. 나의 고객들에게도 CMA를 많이 소개하게 되었다. 위험(risk)을 어느 정도는 감수해야 부동산, 주식, 코인 등 이익을 볼 수 있는 것임을 알게 되었다.

    필자의 부모님은 공무원이시다. 안전한 것만을 추구한다. 그래서 망하지 않고 IMF 외환위기(1997년) 때도 어려움 없이 용돈을 받고 대학교 생활도 하며 감사하게 지낼 수 있었다. 부모님으로부터 안전자산을 배우게 된 것이다. 사회생활을 하면서 주식, 코인, 부동산 등을 통해서 위험자산을 공부하게 되었다. 그래서 안전자산, 위험자산을 통해서 자산을 계속 늘려가고 있다. 어느 것 하나만 중요하다는 것이 아니다.
    논어에는 온고지신(溫故知新)이라는 말이 나온다. '옛것을 익히고 그것을 미루어 새것을 알 수 있다'는 뜻이다. 어떤 것이 틀렸다고 버릴 필요가 없다. 서로 보완하고 배우는 것이 중요하다. 필자는 죽을 때까지 2년에 한 번씩 책을 출판할 것이고 계속 배울 것이다. 그리고 계속 기부 행진을 이어가 1억까지 기부할 것이다.

나의 가치는 1조 원이라고 말하고 싶다. 너무 터무니없는 말이다. 예컨대 미국 환경보호청(EPA)은 각종 환경 정책의 비용 대비 효과를 계산할 때 한 생명의 가치를 약 1천만 달러(145억원)로 평가해서 발표한 적이 있다. 나의 가치를 자본주의에서는 생산성으로 가치로 나타내야 한다. 그리고 언어를 통해서 나는 1조원의 가치가 있다고 말하는 것이다. 내가 말을 할수록 나의 뇌가 정말 맞는 말이라고 인식하면 달라지게 되어 있다. 1조 원을 벌 수 있는 방법을 찾아낸다는 것이다.

이것이 사람의 창조적인 능력이다. 이것을 인생에 적용하고 실천하는 것은 나의 몫이다. 이것이 내가 살아가는 중요한 이유인 것이다.

> 고통은 인간을 생각하게 만들고 사고는 인간을 현명하게 만들며 지혜는 인생을 결딘 만하게 만든다.
>
> - 블레즈 파스칼 -

14.
행복해지고
돈 버는 방법

「어린 왕자」 - 앙투안 드 생텍쥐페리

14.
행복해지고
돈 버는 방법

「어린 왕자」- 앙투안 드 생텍쥐페리

"나는 내 작품을 어른들에게 보여주면서 그림이 무섭지 않으냐고 물었다. 내 그림은 모자를 묘사한 것이 아니었다. 코끼리를 삼킨 보아 뱀을 그린 것이었다." – 어린 왕자, 10page

필자는 「어린 왕자」를 세 번 정독했다. 읽을 때마다 새롭다. 특히 보아 뱀 이야기는 어른들이 보이는 것만 믿는 습성을 아주 잘 나타내주고 있다. 한술 더 떠서 보아 뱀보다는 지리, 역사, 산수, 문법에 관심을 가지라고 이야기한다. 어른들의 이야기가 틀린 말은 아니다. 필자의 아버지는 법원 공무원이셨다. 늘 불확실한 자영업, 사업보다는 남들이 인정하는 직장을 들어가든지, 공무원을 하라고 말씀하셨다. 그러나 공무원 할 정도의 재능이 없다는 것을 아시고 더 이상 말씀하지 않으셨다. 사회에서 성공한 분들은 장사하는 분들이다. 직원들 급여를 7천만 원에서 9천만 원을 주는 분들도 계신다. 공무원 월급도 퇴직하기 5년 전에 가장 높은 월급을 받는다. 세금 떼고 받으면 실제 월급은 80%로 줄어든다. 사업하는 분들은 월급이 2천만 원 이상을 받는 분들도 많다. 공무원 마인드에서 의사, 변호사, 검사 빼고 2억 이상 받는 분들을 보면서 필자는 충격 자체였고 나도 정말 받고 싶었다. 그래서 그분들과 대화하고 방법을 물어보고 책도 읽으면서 조금씩 알게 되었다. 가능할 수도 있겠다는 것을 알게 되었다.

보험회사는 급여의 한계가 없다. 월 1억 받는 사람도 봤다. 정말 신기하고 사기꾼 같았다. 그러나 지금은 나도 어느 정도 이루었고 또 다른 꿈을 꾸고 있다. 보아 뱀도 비슷하다. 보이는 것만을 쫓아가면 모자만 보이지만 그 속에 있는 통찰력을 키우면 돈 버는 방법도 조금씩 보이게 되고 투자를 해서도 이익을 보는 순간이 온다. 내가 잘하는 것을 통해서 매출을 극대화시키고 성실하게 나아가면 방법이 보인다. 절대로 포기하지 말라. 누구에게나 가능성이 있다는 것을 명심해라. 통찰력을 키울수록 나의 직업이 즐거워지고 돈을 버는 방법도 터득하니 인생이 놀이터로 변하는 것이다. 내가 지금 보고 있는 주변의 사람과 사물을 조금만 더 자세히 보아라. 새로운 차원이 열릴 것이다. 필자는 금융을 통해서 이것을 조금 찾아내었고 지금도 찾는 중이다.

"어린 왕자는 앉을 만한 곳을 찾으려고 둘러보았지만 별은 온통 왕이 입고 있는 화려한 담비 모피 옷으로 뒤덮여 있어서 찾을 수가 없었다."
- 어린 왕자, 53page

어린 왕자는 첫 번째 소행성에서 절대군주를 만나게 된다. 모든 것을 명령하고 이성적인 말로 상대를 압도한다. 그러나 거기까지였다. 어린 왕자가 하품을 하고 떠나려고 하자 절대군주는 더욱 높은 자리를 제안하지만 어린 왕자는 이곳을 떠난다. 우리가 사는 세상도 비슷하다. 직장에 불만을 이야기하고 받는 돈이 부족하다고 주장하면 월급을 조금 올려주거나 직분을 한 단계 올려주는 것으로 붙잡는다. 세상의 논리는 "이것을 주면 너는 무엇을 줄래?"라고 물어보는 것과 아주 비슷하다. 이것에 속으면 안 된다. 나의 가치를 높이는 것이 첫 번째로 중요하다.

「논어」에 나오는 '사랑받을 때 떠날 것을 준비하라'는 말이 이제 조금씩 이해 된다. 전쟁을 원치 않으면 평화 시에 전쟁을 준비하는 것과 비슷한 것이다. 자본주의 세상은 항상 다음 수를 보고 준비하는 사람이 살아남고 리더의 자리로 올라가는 것을 많이 본다. 남들이 이것을 하면 된다, 혹 대박 난다고 말하는 경우가 많다. 그러나 그 사람이 느낄 정도면 이미 내리막을 갈 확률이 높다.

필자는 보험영업을 하면서 잘 되는 직업, 사업, 트렌드를 많이 본다. 그래서 정말 도움을 많이 받는다. 최근에 배스킨라빈스31 사업을 하고 싶었다. 안정적으로 보이고 사계절 내내 아이스크림을 먹는 것을 보면서 이것이다, 생각하고 자료수집을 했다. 그러나 20년 동안 배스킨라빈스31 사업을 하신 점주와 이야기하면서 생각보다 손실이 많은 것을 알고 바로 접었다. 자기 친동생도 한다고 해서 말렸다고 한다. 점주님에게 정말 고맙다고 말하고 나왔던 기억이 났다. 돈 주고 사 먹는 것을 선택한 것이다. 남들이 볼 때 돈이 될 것 같은 일은 없다고 보면 된다. 숨어있는 것을 잘 찾아내야 한다. 그런 분들이 사업가이다.

"그다음 별에는 술꾼이 살고 있었다. 아주 짧은 방문이었지만 어린 왕자는 이 방문 때문에 몹시 우울해졌다. 왜 술을 마시나요? 잊어버리기 위해서지. 술꾼이 대답했다." - 어린 왕자, 62page

필자는 술은 전혀 하지 않는다. 그러나 필자의 아버지는 술을 참 좋아하신다. 아버지는 분위기가 좋아서 먹는 경우가 많다. 현대해상, CEO 모임, 카네기 모임 등 술을 먹을 기회가 많다. 그러나 그들이 정말 원하는 것은 내가 술을 먹는 것이 아니라는 것을 알고 있었다. 같이 있어 주는 것을 원한 것이지 내가 사이다, 콜라를 먹는 것을 싫어하는 것이 아님을 필자는 알고 있었다. 나의 역할을 해주면 된다는 것이다. 오히려 술을 먹고 주사를 부리는 것을 아주 싫어했다. 술은 운동하고 먹는 술이 맛있다. 필자는 6개월 정도 테니스 레슨을 받았었다. 여름 한낮에 테니스를 치고 마시는 시원한 맥주 한 잔은 천금 같아 보였다. 그것은 안 먹어도 맛있어 보인다. 갈증이 날 때 맥주는 정말 맛있어 보인다. 그러나 매일 일 끝나고 한 잔, 아무 날이 아닌데 한 잔, 불금이라서 한잔하면 인생이 꼬이게 되어 있다. TV, 광고는 술을 멋지게 권장하는 사회이다. 소비를 추천하는 공동체이다. 카드의 소비를 부의 상징으로 전하고 있는 사회이다. 소비하는 것을 조심해야 한다. 그리고 가만히 생각해야 한다.

잠언 23장에 이런 구절이 있다. 술을 즐겨하는 자와 고기를 탐하는 자로 더불어 사귀지 말라, 술 취하고 탐식하는 자는 가난하여질 것이요." 이미 수백 년 전에 인생을 살아보신 선배님들의 충고는 새겨듣는 것이 맞고 불을 만져보고 뜨거운 것을 아는 것도 공부지만 확실히 망하는 것을 해볼 이유는 없다는 것이 필자의 뇌피셜이기도 하다.

"네 번째 별은 사업가의 별이었다. 그 사업가는 어찌나 바쁜지 어린 왕자가 도착했는데 고개도 들지 않았다." - 어린 왕자, 64page

필자는 사업가의 별은 무슨 문제가 있는가 여러 번 생각을 했다. 바쁘게 살고 사업도 잘하고 무슨 문제가 있는 것인지 물어보게 되었다. 필자가 보험영업을 한참 잘할 때 더하고 지점장이 격려하고 몰아세웠다. 그 덕분에 상도 많이 받았다. 매일 보험회사 건물에서 제일 늦게 퇴근했다. 가끔 10시에 차를 빼야 하는데 놓쳐서 다음 날

빼기도 했다. 재미도 있었고 주변 사람들이 잘한다고 하니 정말 잘한다고 생각했다. 그러나 현대해상 MBA 모임중에 선배님의 충고로 많은 것이 변했다. "그렇게 하다간 병이 나고 말걸." 가족과도 시간을 보내고 맛있는 것도 먹고 일만 하지 말라는 평범한 이야기가 나의 마음에 꽂히는 사건이 있었다. 충고를 한 그분도 일을 엄청 잘하는 분이셨다. 그러나 계단에서 넘어져서 몇 달을 움직일 수 없었고 지점에서 일을 못 하니 아예 포기한 사람이 된 것이다. 하나의 부품으로 대한다는 생각에 그분이 각성하고 인생을 다른 각도로 살게 되었다는 이야기이다. '내가 회사의 부품이구나. 나의 사업을 해야겠구나'를 깨닫는 순간이었다. 가족과 좀 더 시간을 보내야겠구나, 각성하는 순간이었다. 그래서 현대해상 법인을 만들고 지금은 생명보험 17개, 화재보험 12개, 총 29개의 회사를 취급하는 종합보험사의 대표를 감당하게 되었다.

살면서 어느 길이 맞는지는 목적지에 가보면 알 수가 있다. 가는 도중에는 알 수가 없다. 필자는 지금이 너무 행복하다. 내가 할 수 있는 일이 있고 내가 섬길 수 있는 교회가 있고 나의 사랑하는 가족이 있는 이 순간이, 이 찰나가 행복하고 감사하다. 그래서 사업가의 별이 안쓰럽고 남 이야기 같지가 않다. 나의 전성기 때 모습이기도 하다.

어린 왕자는 "어른들은 정말 특이해."라고 말하며 또 다른 행성을 찾아 떠나면서 중얼거렸다.

"어른들은 숫자를 정말 좋아하니까 계산하는 일을 좋아할 것이다. 하지만 그런 쓸데없는 데에 시간을 낭비하지 말자. 그건 정말 쓸데없는 일이다. 내 말을 믿어도 좋다." - 어린 왕자, 84page

어린 왕자는 여행을 하면서 자기가 생각하던 어른들의 가치관을 행성에서 만난 독특한 한 사람 한 사람을 소개하면서 세상의 다양한 어른들을 보여주는 것 같았다. 필자도 이제 반백 살이다. 어린 왕자가 말하는 어른과 비슷해졌다. 사업을 좋아하고 숫자로 표시하는 것을 자랑스럽게 여기고 허영심이 들어가서 마음보다는 형식적인 것을 중요시 여긴다. 이 모든 것을 사회생활을 하면서 자연스럽게 배웠고 그것들을 소중하게 여기고 살았다. 그래서 어느 정도 성공도 이루었다. 그럴수록 어린 왕자가 말한 것은 무엇이었을까? 내 인생에서 지금 가장 쓸데없는 것이 무엇일까? 가끔 내 자신에게 질문을 하기도 한다. 여전히 답을 찾는 것은 어렵지만 정답을 찾기 위해서 몸부림친다. 이런 것이 없으면 숫자만 좋아하는 어른이 될까 무섭기도 하다. 필자는 돈을 버는 것을 좋아한다. 지금은 이 돈이 좋은 곳으로 흘러가길 원하고, 그 방법을 찾고 있다. 그중에 하나가 2년마다 책을 써서 기부하는 것이다. 작은 실천을 통해서 필자는 행복과 감사를 찾는 중이다. 계속 진행할 것이다.

"매일 같은 시간에 오는 게 좋겠어. 여우가 말했다. 네가 만약 오후 4시에 온다면, 나는 3시부터 행복할 거야. 그리고 시간이 갈수록 더 행복해 지겠지." - 어린 왕자, 98page

어린왕자와 여우

인생을 살면서 아쉬운 것은 웃을 일과 행복해지는 일이 점점 적어 진다는 것이다. 이상하지 않은가! 물질도 풍요로워지고 삶의 지혜도 생기는데 행복해지는 일이 적어지는 이유가 뭘까? 늘 고민이다. 우리 집 아이들은 어릴 때부터 하루에 정말 수백 번을 웃는다. 낙엽이 굴러가는 것을 보고 웃고, 바람이 불면 웃고, 사람이 지나가면 웃는다. 정말 신기했다. 이것이 웃을 일인가? 지금 생각해보면 순간순간 이 아이들의 눈엔 신기하고 즐거운 일이었던 것 같다. 나이가 들면서 모든 것이 익숙해지고 당연하게 여기면서 웃음도 사라지고 행복도 점점 줄어드는 이유같다. 어른이라는 이유로 잘못된 것만을 지적하고 어른 노릇하기 바쁘다. 그래서 똑똑해질수록 행복과 멀어지는 것은 당연한 결과이기도 하다. 필자가 여우처럼 행복했던 1시간 전은 바로 급여 날이였다. 많은 금액은 아니었지만 점점 늘어나는 급여와 내가 이렇게 많이 받아도 되는 건지 걱정 아닌 걱정도 하면서 농협 ATM기 앞에서 매달 25일 경건하게 월급통장을 넣고 인쇄되는 그 소리를 즐겁게 기다렸던 것 같다. 즈즈즉, 즈즈즉 하는 농협 통장에 인쇄되는 그 소리가 나에게는 여우가 어린 왕자를 만나기 1시간 전이었던 것 같다. 지금은 훨씬 더 많은 급여를 받지만 스마트폰으로 띵동, 하는 소리가 끝이다. 디지털보다는 아날로그의 기계 소리가 필자는 더욱 그립고 설렌다. 뇌과학자 장동선 박사는 말한다. 그래도 지금이 행복하다고 자꾸 내 자신에게 말해야 한다. 긍정의 언어로 자꾸 소리 내어서 말해야 한다. 그래야 나의 뇌가 듣고 작동하고 반응한다. 무엇이든지 하기 싫은 것은 게으른 것이 아니라 뇌 에너지가 부족해서 그런 거라고 말하고 있다.

"잘 가. 여우가 말했다. 내 비밀을 알려줄게. 아주 간단해. 오직 마음으로 보아야 잘 보인다는 거야. 가장 중요한 것은 눈에 보이지 않아."
- 어린 왕자, 101page

필자도 눈에 보이는 것을 위해서 밤낮 열심히 일한다. 재력(돈), 외모, 집, 좋은 차, 명품, 대학, 직업, 승진, 성적, 스펙 등 이 세상은 보이는 것이 천지이다. 이것을 김미경 대표는 '잇 마인드'라고 표현했다. 필자도 100% 공감한다. 이것은 자신에게 엄청난 동기부여를 할 수가 있다. 이것으로 남들을 평가하고 순위를 매기는 것이 자본주의 사회이고 한국 사회이다. 실제 인생의 중요한 것을 물어보면 나이가 어릴수록 눈에 보이는 것을 말한다. 그러나 실제로 가장 중요한 것은 가족, 친구, 연인, 건강, 행복 등이다. 이것을 모르는 사람은 없을 것이다. 인생을 중요하게 여기는 것과 실제로 중요하게 여기는 것이 같아질수록 행복해진다. 이것이 차이 날수록 사회가 어둡고 삐딱하게 보일 수밖에 없다.

필자의 큰딸이 올해 21세 대학생이다. 사랑, 소망이가 초등학교 때 아내와 맞벌이 부부를 하면서 정말 바쁘게 지냈다. 아내는 삼성화재 총무로 공주까지 출퇴근하면서 회사를 다녔고, 필자는 CEO 모임을 한다고 여기저기 바쁘게 하루하루를 보냈다. 한눈팔지 않고 열심히 살았지만 사랑, 소망이와의 많은 추억이 없어서 미안하다. 20년 동안 많은 것을 이루었지만 놓치고 잃어버린 것들도 많다. 가족 간에 좋은 추억이 많지 않다. 세상에서는 열심히 살면 행복해진다고 말한다. 그러나 열심히 살고 나니 행복과 그리 가까워진 것 같지는 않다는 것을 반드시 알게 된다. 앞으로는 이것을 명심하고 두 번 실수하면 일부러 한 것이니 눈에 보이지 않는 것을 보려고 힘써 노력해야 한다. 잇 마인드를 벗어나야 한다. 잇 마인드는 세상이 말하는 목표이다. 즉, 성공, 학벌, 돈, 위치, 승진 등 세상에서 보기 좋은 모든 것이다.

세상에서 말하는 것에 대해서 단호하게 아니라고 말해야 한다. 내가 생각하는 행복을 말하고 살아가야 한다. 이것이 행복하게 살아가는 비결인 것이다.

"사막이 아름다운 건 어딘가에 우물을 감추고 있기 때문이야 어린 왕자가 말했다." - 어린 왕자, 109page

    필자가 20년 전 결혼을 할 때도 파라다이스 웨딩이 많았다. 결혼식을 낙원에서 하라는 말로 이해를 했다. 그러나 우리가 말하는 낙원이라는 파라다이스는 원래 이집트어로 에덴동산 같은 낙원이 아니라 황야를 가리키는 말이다. 황야이기 때문에 그곳에 나무를 심을 수 있고 꽃을 가꿀 수 있고 집도 지을 수 있는 것이지 에덴동산처럼 처음부터 완성된 동산이라면 아무것도 할 게 없다. 즉, 파라다이스는 낙원이 아니라는 이야기이다. 거칠고 황량하기 때문에 오히려 생각과 상상 속에서 나무와 꽃도 피어날 수 있다는 것이다. 모든 게 풍요로운 것이 낙원이 아니다. 아무것도 없기에 채울 수 있고 낙원, 천국이라는 말을 쓰는 것이다. 살짝 들으면 봉이 김선달이 생각난다. 대동강물을 돈 받고 팔 수 있는 사람은 봉이 김선달 사기꾼밖에는 없다. 지금으로 보면 마케팅의 대가라고 말할 수 있다. 표현력이 풍부한 것이다. 이런 작은 생각의 차이가 부자를 만드는 것이다. 앞으로의 세대는 공장을 짓고 사람을 뽑는 기업이 성공하는 기업이 아니다. 인건비는 감당 못 할 수준으로 올라갔고 기계와 자동화시스템으로 대체되고 있다. 그래서 마케팅을 잘하는 사람 즉, 파라다이스를 천국으로 바꿀 수 있는 사람이 필요한 시대를 살고 있다.
  이것을 가장 잘 실천하는 사람이 바로 유대인이다. 필자는 유대인이 너무 좋다. 나의 사업의 아이디어가 대부분 유대인에서 나왔고 실천하고 있다. 전 세계 인구의 0.2%에 불과한 유대인들이지만 역대 노벨상 수상자의 유대인 비율이 무려 25% 정도나 된다. 그것도 평화상과 문학상을 제외한 과학/학문 분야의 노벨상만 따지면 30%가 훌쩍 넘는다. 수학계의 노벨상으로 불리는 필즈상이 있다. 최근 2022년, 한국계 미국인인 '허준이'라는 미국 프린스턴대 교수 겸 한국 고등과학원(KIAS) 수학부 석학 교수가 필즈상 수상의 쾌거를 이루었다. 그 당시 한국은 난리가 났다. 수학계의 노벨상이라는 닉네임 때문에 엄청 유명세를 받았다. 개인적으로 한민족(韓民族)도 유대인 못지않게 대단한 민족이라고 생각하고 자부심이 높다. 그러나 유대인들은 필즈상을 상당수 받으면서 그들의 입지를 또 한번 증명했다. 유대인이 많이 부럽다.

필자는 「어린 왕자」를 세 번 정도 정독했다. 어린 왕자의 메시지는 시간이 흐를수록 이성에 충실한 어른들을 향한 경고의 메시지라고 생각된다. 보아 뱀의 이야기에서도 보이는 것만을 믿는 어른들의 모습, 어린아이는 코끼리를 삼킨 보아 뱀이 무섭지 않느냐는 질문에 "모자가 왜 무섭냐"는 황당한 답변이 어른들의 현주소일 것 같다. 또한 물질만능주의에서 여전히 살아가야 할 지금의 시대에 대한 경고를 말한다. 모든 것을 카드나 물질만 주면 해결을 해주는 시대이다. 배고픔도, 사고 싶은 것도, 여행을 가고 싶은 것도 모두가 카드 한 장이면 해결되는 시대에 살고 있다. 거꾸로 말하면 카드가 막히면 모든 인생이 막힌다고도 말할 수 있다. 인생 지옥으로 가는 것이 정말 빨라진 것이다. 투자를 할 때 자꾸 대출을 받아서 하는 이유도 조만간 대박이 날 것 같아서 대출을 한다. 이것이 맞을 수도 있다. 그러나 투자란 한 번은 헛스윙을 할 수밖에 없다. 그때 멘붕이 되는 것이다. 수익을 낸다는 것은 잃을 수도 있다는 것을 역으로 알아야 한다. 이 간단한 원리를 모르면 투자를 해서는 안 된다. 수익이 반토막 날 때 견딜 수가 없다. 손절하고 나오는 것이다. 부자는 반토막 날 때 오히려 여행을 하고 자기 일에 집중하면서 3년을 보낸다. 그러면 원금이 회복되고 수익이 나 있다. 필자의 지인이 현대자동차 주식을 1억 이상 매입하고 반토막이 나서 전화를 했다. 어떻게 해야 합니까? 필자는 3년을 버티면 원금이 회복되고 현대차 매출이 좋으니 2년 정도만 지나면 회복될 것 같다고 했다. 지인이 3년을 기다리자 원금이 회복되었고 필자에게 커피 한 잔 사주었다. 필자는 그 정도면 만족한다.

최근 몇 년 전에 아파트 발전기 고장으로 전기가 나간 적이 있다. 핸드폰도 인터넷도 몇 시간 동안 정지되었다. 정말 아무것도 못 하고 촛불도 없어서 핸드폰 라이트만 켜고 멍하니 있었다. 정말 바보가 되는 느낌이었다. 우린 늘 무엇인가를 열심히 하는 것 같지만 실제로는 책 읽는 시간도 점점 줄어들고 운동하는 시간도 자동차로 이동하고 편해지고는 있지만 건강해지고 있지는 않다는 것을 조금만 생각해보면 알 수가 있다. 더 빨리 죽어가고 있다는 생각이 들기도 한다.

AI컴퓨터는 점점 사람의 표정도 읽고 스스로 생각하는 시대로 가고 있다. 그러나 정작 사람은 생각하는 방법을 잊어버리는 시대를 살아가고 있다. 무서운 공포영화를 보는 듯한 기분이 들 때도 있다. 인간은 아무것도 안 해도 되는 것이다. 이때 「어린 왕자」는 자신을 성찰하게 해주는 유익한 책이다. 마지막으로「어린 왕자」는 인간을 인간답게 만들어주는 것을 관계 맺기라고 말하고 있다. 여우가 왕자랑 관계를 맺고 왕자가 장미꽃과 관계를 맺는 것처럼 말이다. 관계를 맺는다는 것은 서로에게 관심이 필요하고 서로에 대해서 존중하는 태도가 필수적이다.

필자는 세상 사람들과 관계 맺기 선수이다. 그래서 보험이 잘되는 것 같다. 그러나 가장 어려운 사람은 아내이다. 세상 사람들은 좋은 관계를 위해서 일단 좋은 것을 주면 점수를 받는다. 그리고 친절하게 대하면 최고의 점수와 신뢰를 준다. 그러나 아내는 다르다. 좋은 것을 주어도 친절한 표정을 지어도 안 통할 때가 많다. 왜냐면 진실성을 요구하기 때문이다. 필자가 거짓말을 한다는 뜻은 아니다. 진실하다는 것은 가성비를 체크하면 안 된다. 자본주의에서는 30분을 투자하면 1시간의 가치가 나와야 성공했다고 한다. 그러나 아내는 1시간을 투자해도 0점이 나올 수가 있다. 예를 들면 아무것도 하지 말고 집에 있으라고 한다. 필자는 이것이 매우 어렵다. 집에서는 생산적이지 않다는 의식이 많다. 그래서 나가서 사람을 만나고 일을 하면 바로바로 가치가 생산된다. 나의 아내는 그냥 집에 머무르라고 말한다. 생산성이 없이 말이다. 이것이 여우가 말한 말이기도 하다. 소중한 것은 가끔 눈에 보이지 않는다는 말이다. 사랑하는 사람과 같은 공간에 머무른다는 것이 얼마나 소중한 일인지를 필자는 모르기에 자꾸 생산성, 가치를 말하면서 엉뚱한 적용을 하는 것이다. 필자는 바보인 것이다.「어린 왕자」를 통해서 얻은 것이 있다면 돈으로 살 수 없는 가족의 소중함이다. 독자들도 이런 소중한 것을 놓치거나 못

본다면 빨리 「어린 왕자」를 정독하고 소중한 것을 되찾기를 바란다.

　드라마 「미스터 션샤인」에 명언이 나온다. "빼앗긴 것은 찾을 수 있지만 내어준 것은 되찾기가 불가능하다." 이 말을 명심하기 바란다. 소중한 가족들을 그냥 내어주면 다시 찾을 수가 없다는 것이다. 투자도 마찬가지다. 그냥 내어주고 포기해 버리면 안 된다. 반토막이 나도 마음을 비우고 자기 일을 하면서 기다림의 시간을 가져야 한다. 이런 투자의 내공이 필요하다. 존 러스킨의 「나중에 온 이 사람에게도」에 이런 말이 나온다. 부를 정의 하면 '역량 있는 사람의 손에 소유된 가치이다. 부를 담을 수 있는 그릇, 능력을 키운 사람만이 그 가치를 소유할 수 있다'는 말이기도 하다. 인문학을 가까이해야 한다. 좋은사람들을 옆에 두어야 한다. 그래야 역량이 커지는 것이다. 나의 그릇이 조금씩 매일 커지는 것이다. 그래야 행운의 여신이 우리에게 한번은 미소 짓게 되어 있다. 그때가 행복해지고 돈 버는 방법을 깨닫고 실천하는 순간이다. 그러면 우리의 인생은 물질과 정신이 충만해진다. 충만해진다는 것은 나눌 것이 있다는 말이기도 하다. 행복은 남이 행복한 모습을 볼 때 엄청난 기쁨의 옥시토신 호르몬(사랑의 호르몬)이 나온다. 인생 참 재미있다.

> 인생이라는 학교에는 불행이라는 훌륭한 스승이 있다.
> 그 스승 덕분에 우리는 더욱 단련된다.
> － 블리디미르 막시모비치 프리체 －

15.
계약서를
잘 쓰고
돈 버는 방법

「베니스의 상인」 - 윌리엄 셰익스피어

15.
계약서를
잘 쓰고
돈 버는 방법

「베니스의 상인」 - 윌리엄 셰익스피어

"조건에 명시된 일정한 금액 또는 총액을 되갚지 못할 경우, 그에 대한 벌칙으로 당신의 고운 살 정량 1파운드를 당신의 몸 어디든지 내가 좋은 곳에서 잘라낸 뒤 가진다고 명기해 놓읍시다."
– 베니스의 상인, 32page

셰익스피어의 5대 희극 중 하나인 「베니스의 상인」은 포샤와 바사니오의 사랑 이야기이다. 그리고 안토니오와 샤일록의 재판과정을 통해서 당시에도 돈의 중요성을 말하고 있는듯하다. 돈을 빌려주고 이자를 높게 받는 것은 동서양을 가리지 않고 역사가 오래된 직업이기도 하다.

샤일록이라는 유대인은 돈을 빌려주는 대가로 안토니오에게 살 1파운드를 요구한다. 이것은 죽이겠다는 협박이다. 그 요구를 거절하지 못하게 만드는 것도 비즈니스의 과정이기도 하다. 안토니오는 베니스 사람들에게 존경받는 무역업자였고, 샤일록은 그동안 그에게 모욕과 무시를 당한 것을 복수하고 싶어 했다. 인생을 살면서 돈은 반드시 필요하다. 그러나 돈으로 채울수 없는 존경, 사랑은 샤일록에게는 탐나는 돈 이상의 가치인 것이다. 그래서 돈이 있다고 다른 사람을 무시하는 행동은 아주 위험한 행동인 것이다.

성공한 사람, 권력이 있는 사람에게 잘 보이려고 하는 것은 인간의 마음이다. 그러나 사회적 약자들에게 행한 작은 불친절과 무시가 나중에 나의 생명을 위협하는 무서운 칼처럼 나의 심장을 찌를 수도 있다는 것을 명심해야 한다. 특히 건물을 청소하는 분, 택배원, 택시기사, 음식을 서빙하는 분들, 음식을 배달하는 라이더 등 사회에서 크고 작은 일을 하는 분들에게 특히 잘해야 복을 받는 것이다.

구약성경에 말하길 지극히 작은 소자에게 한 것이 곧 나에게 한 것이다. 눈에 보이지 않는 하나님을 섬긴다고, 경외한다고, 사랑한다고 말하기 전에 나의 주변에 형제자매들에게 베푸는 것이 먼저인 것을 알고 실천해야 한다. 그래야 눈에 보이지 않는 하나님도 감동하고 우리에게 복을 베푼다는 사실이다.

"빛난다고 다 금은 아니다. 그런 말을 여러 번 들었겠지. 나의 이 겉모습을 보려고 많은 이가 목숨을 팔았다. 금빛 묘엔 구더기만 들어있어."
- 베니스의 상인, 61page

포샤의 아버지가 돌아가시면서 유언으로 금, 은, 납으로 된 세 개의 상자 가운데 포샤의 초상화가 들어있는 함을 선택해야 하는 시험 문제를 낸 것이다. '금'이라고 표시된 상자에는 금을 선택하는 자는 만인이 소망하는 것을 얻으리라고 적혀 있었다. '은'이라고 표시된 상자에는 그 신분에 합당한 것을 얻으리라고 적혀 있었다. 마지막 납으로 된 함에는 '모든 것을 내어놓고 모험을 해야 하느니라.'라고 적혀 있었다. 우리의 주인공 바사니오는 모든 유혹을 물리치고 모험을 선택했다. 왜냐면 세상만사가 겉과 속이 다르다는 것을 일찍부터 터득해온 결과였다. 인생에서 보석을 찾기 위해서는 평상시에 내공을 쌓아야 한다. 유비무환이라고 했다. 미리 준비가 되어 있으면 걱정할 것이 없다는 말이다.

〈오징어〉 - 유하

눈앞의 저빛

찬란한 저빛

그러나

저건 죽음이다.

의심하라.

모오든 광명을!

오징어잡이배 집어등

　필자는 오징어 배의 집어등이 생각이 난다. 깜깜한 밤, 오징어를 잡기 위해서 집어등을 켜면 수많은 오징어가 집어등을 보고 몰려든다. 오징어가 어리석게 보인다고 말할 수 있지만 인간사도 별반 다르지 않다. 인간 모두가 좋아하는 물질(돈), 스펙, 승진, 출세, 권력, 장수, 자녀 성공 등 집어등을 쫓아가는 모습은 별반 다르지 않다. 필자도 여전히 성공을 좇고 있다. 세상의 성공이 매우 중요하다. 그러나 우리의 소중한 인생에서 우선순위를 정하고 쫓아가야 마지막에 웃을 수 있는 것이다. 힘들 때마다 유하의 시「오징어」를 통해서 배우고 나의 위치가 집어등의 어디쯤 있는지 생각하고 나의 자신에게 물어본다. 내 안에 있는 나에게 물어보는 것은 중요하다. 챗GPT 에게만 질문하는 것은 좋은 결과를 찾을 수 없다. 기계는 항상 참고해야만 한다. 결정은 내가 나에게 물어본 것을 정리해서 doing 하는 것이 대부분 맞다. 그래서 '빛난다고 다 금이 아니다.'라는 「베니스의 상인」의 구절을 마음에 새겨봐야 할 것이다.

　마치 이 주식을 사면 부자 된다고 하는 말을 경계해야 한다. 이 부동산을 사면 노년에 행복해진다는 말은 더욱 조심해야 한다. 나하고 아무 관련 없는 사람에게 고급정보를 줄 이유가 없기 때문이다. 사기꾼들은 항상 달콤한 말로 우리를 유혹한다. 이것만 하면 대박 난다고 말한다. 이런 것은 세상에 없다. 부동산, 주식, 코인 등 모든 투자는 내가 공부하고 책을 읽고 노동의 대가만큼 얻어가는 것임을 마음에 새겨야 한다. 그래야 사기꾼을 피해 갈 수가 있다. 쉬운 길에는 항상 사기꾼(빌런)들이 대기하고 있다. 속지 말라.

"계약서는 당신에게 피 한 방울 주지 않소. 그러니 계약대로 살덩이 일 파운드만 가지시오. 그러나 그걸 잘라낼 때 기독교인 핏물을 한 방울만 흘려도 당신 땅과 재물은 베니스 국법에 의하여 베니스 정부로 몰수될 것이오."
- 베니스의 상인, 117page

　법학박사 포셔가 변장을 하고 안토니오를 도와주는 장면이기도 하다. 바사니오가 샤일록에게 3천 다카트를 빌리고 이것을 어길 시 안토니오의 살 1파운드를 베어가겠다는 계약서이다. 재판중에 6천 다카트를 주겠다고 해도 샤일록은 듣지 않았다. 돈의 문제가 아니라 자신의 고리대금업을 간접적으로 무시했던 안토니오도 문제가 있다고 본다. 샤일록은 어려운 사람에게 높은 금리로 부당이득을 벌고 있던 사람이다. 그러나 법적인 문제는 없었다. 안토니오는 무역하는 사람으로 어려운 사람들에게 낮은 금리로 대출을 해준 사람이다. 그러니 샤일록에게는 안토니오가 눈엣가시라고 말할 수 있는 것이다. 그래도 어느 정도까지만 해야만 했다. 무리한 결과 안토니오의 살 1파운드도 못 얻고 3천 다카트도 잃어버리게 된 것이다. 본인의 재산도 몰수당하게 생긴 것이다.

예전에 큰 교회에서 커피값을 주변시세보다 낮게 판매해서 욕을 먹은 적이 있다. 교회가 너무 낮은 가격으로 커피를 판매해서 주변 카페 사장님들이 피해를 입은 것이다. 그래서 교회가 적정가로 커피 가격을 책정하고 원만하게 해결했다는 이야기를 들었다. 대충 들으면 무엇이 문제일지 알 수가 없다. 내 돈 갖고 내 마음대로 하겠다는데 무엇이 문제냐고 말할 수 있다. 그러나 세상은 혼자 사는 것이 아니다.

주역에 보면 복과 화가 밧줄처럼 엮여서 살아가고 도움 주고 도움을 받는 관계인 것이다. 음식점도 사장이 똑똑해서 잘되는 것 같지만 직원들이 친절하게 인사하고 직원 덕분에 돈을 벌 수 있다는 것을 사장이 빨리 알아야 돈을 지속적으로 벌 수 있는 것이다. 음식점에서 음식의 맛만큼 중요한 것이 필자는 화장실의 청결함이라고 본다. 그래서 호텔을 가면 화장실이 내방보다 넓고 깨끗하다. 그래서 많은 돈을 내고 이용하는 사람들이 많은 것이다. 필자는 사무실 화장실을 매주 청소한다. 화장실은 누구나 청소하기가 싫다. 그래서 남이 하기 싫은 것을 하는 사람이 실제적인 주인이고 사장인 것이다. 그리고 사장은 직원들이 하기 싫은 것을 해야 직원들이 기뻐한다. 직원들이 기뻐해야 손님들에게도 웃는 얼굴로 대할 수 있는 것이다. 돈을 벌어주는 사람은 직원들이 하는 것이다. 잘되는 음식점은 직원들이 2년 이상 일하는 사람들이 많이 있다. 직원들이 자주 바뀐다는 것은 일이 힘들던가, 보수가 적다든지, 사장님이 무섭다든지 등이다.

필자가 자주 가는 아우네 부대찌개는 항상 직원들이 친절하다. 필자는 음식점에 가면 누가 사장인지를 찾아내는 습관이 있다. 대부분 사장이 많이 웃고 친절하시다. 그러나 정말 잘되는 음식점은 사장님이 여러 명이다. 웃는 사람도 많고 친절한 사람도 많으면 사장님이 누구인지 알 수가 없다. 이런 곳이 영업도 잘되고 매출도 높다. 아우네 부대찌개가 그런 곳이다. 사장님의 노하우가 있다는 것이다. 장사가 잘된다는 증거이다. 그러면 돈이 따라올 수밖에 없다. 반드시 부자가 되는 것이다.

　최근에 전세 사기로 세상이 떠들썩했다. 대전에서도 피해자가 많이 나왔다. 부동산 가격 상승과 전세의 수요가 겹치면서 청년들과 신혼부부를 중심으로 전세 선호도 증가하면서 사기꾼들이 일을 만든 것이다. 기존의 부동산 법은 임대인(집주인)의 권리를 우선시하는 법 구조가 많고 세입자의 권리가 상대적으로 약했던 것이 사실이다. 그래서 필자는 이것을 개선하고 자본주의 사회에서 본인의 돈을 지킬 수 있도록 금융교육, 부동산교육도 초, 중, 고 교과서에 넣어야 한다고 말하고 싶다. 미적분도 중요하지만 인생을 살아가면서 부동산 계약서, 자동차 계약서 정도는 본인이 작성하고 잘못된 것을 찾을 수 있는 능력을 키우는 것도 매우 중요하다. 「베니스의 상인」을 통해서 배울 점이기도 하다.

> 행복은 목적지가 아니다.
> 행복은 잘살고 있는 삶의 부산물이다.
> － 블리디미르 막시모비치 프리체 －

16.
독재가가
돈 버는 방법

「군주론」 - 니콜로 마키아벨리

16.
독재가가
돈 버는 방법

「군주론」 - 니콜로 마키아벨리

"정복한 나라의 통치권을 유지하는 3가지 방법이 있다. 첫째는 기존의 법률을 없애는 것이고, 둘째는 직접 그곳에 가서 거주하는 것이며, 셋째는 자신의 법률에 따라 살도록 내버려 두면서 조공을 받고 앞으로도 친구로 남아 있을 만한 몇 사람이 나라를 통치하도록 만드는 것이다."
- 군주론, 43page

대한민국은 35년 동안 일본의 통치를 받았다. 특히 조선인에게 내선일체와 창씨개명을 강요했다. 창씨개명은 1940년 5월까지도 창씨 신고 가구 수가 7.6%에 불과하자 조선총독부가 권력 기구에 의한 강제 법의 수정, 유명인의 동원 등을 이용하는 방법으로 그 비율을 79%로 끌어올렸다. 대외적으로는 강제성이 없다고 했지만 모든 권력, 힘을 동원해서 한국인의 이름을 바꾸어서 부르게 했다. 아주 잔인한 방법인 것이다. 대한민국인의 민족성을 말살하는 정책이었다. 한국 사람이 한국말을 쓰지 못하게 하고, 일본말을 강요하고, 문화재를 약탈하고, 곳곳에 일본식 이름을 붙이고 일본 역사를 가르친다. 한국인의 정신을 말살하는 정책인 것이다. 한국의 말과 글에는 한국 사람의 혼과 정신이 들어가 있다. 보이지 않는 강력한 정신을 죽이는 정책인 것이다.

마키아벨리도 기존의 법률을 없애는 방법이 최고의 방법이라고 제시하는 것을 보면 무섭다. 지금도 일제강점기에 살았던 분들은 일본이라 하면 치를 떤다. 아무리 글로벌 시대라고 하지만 일제강점기를 겪은 사람들은 힘들다. 도요타, 렉서스 차량이 아무리 좋아도 타지 않는다. 가족이 고통받고 자기의 동료가 눈앞에서 죽어가는 것을 본다면 그 나라, 그 회사의 제품은 사지도 않고 보기도 싫은 것은 당연한 것이다.

"군주는 전쟁에 대한 생각을 한시도 머릿속에서 거두면 안 됩니다. 도리어 전시보다는 평화로울 때 더 많이 훈련해야 합니다. 하나는 행동이고 다른 하나는 정신입니다." – 군주론, 107page

'평화를 원한다면 전쟁을 준비하라'는 라틴어 속담이 있다. 필자는 이 속담을 좋아한다. 한국속담으로는 소 잃고 외양간 고친다는 말도 역설적인 속담이다. 돈에 대한 소중함도 보증을 서고 보이스피싱을 당하고서야 마음에 새기는 경우가 많다. 돈을 잃은 뒤에 교훈 삼고 싶은 사람이 어디 있겠는가! 그러나 공부를 하지 않고 좋은 점수를 기대하고 많은 음식을 먹고 건강해지길 바라고 열심히 일하지 않고 많은 연봉을 받기를 원하는 마음이 스멀스멀 올라올 때가 많다.

필자는 한 발자국 먼저 움직이는 것을 좋아한다. 2024년도에 생명보험 17개를 오픈했다. 현대해상 1개로 23년을 영업하고 상도 많이 받고 좋은 일이 많았다. 고객 수도 1,500명 정도 된다. 너무 감사한 일이다. 그러나 금융업이 급변하면서 필자도 여러 가지 생각을 한 결과 모든 보험을 취급하는 종합보험회사로 거듭나야겠다는 생각을 했다. 다들 현대해상이 잘 되는데 굳이 어렵고 복잡하게 여러 회사를 차려서 하냐고 물었다. 나는 앞으로의 10년을 바라보면서 단일회사로는 어렵다는 결론을 내렸고 17개 생명보험이라는 큰 물결에 동참하기로 결심하고 한 걸음을 나아갔다. 결과는 대만족이다. 새로운 틈새시장을 찾아내었고 고객들은 적은 금액으로 저축보험에 가입할 수 있다고 좋아했다. 자본주의에서 고객을 만족하고 경쟁하는 것이 쉽지는 않다. 그러나 시대를 읽고 나의 직업과 인문학을 연결하면 길이 보인다. 길은 원래 있었다. 내가 보이지 않는다고 생각했기에 없다고 말한 것이다. 내가 일하는 직업과 인문학을 연결해야 한다.

인문학은 사물과 사람을 연결하는 일을 한다. 지금은 4차산업을 넘어서 AI, 코딩, 챗GPT, 매일 새로운 이론과 논문발표가 되고 있다. 엘리트 계급이었던 의사, 변호사, 검사도 변화하지 않으면 어려운 시기가 오고 있다. AI가 환자의 병명을 더 잘 찾아내고 있다. AI 의사는 지치지도 않는다. 퇴근도 하지 않는다. 24시간 환자를 면담하고 환자의 정보를 빅데이터로 전송하고 보내줄 수 있다. 인문학을 읽으면 새로운 기회를 찾아내고 서로에게 좋은 길이 보인다. 서로 잘하는 분야에 포지션을 받고 일하게 되는 것이다.

「군주론」에서는 정신훈련을 강조한다. 그러기 위해서는 역사책을 읽으라고 권면한다. 역사책에서 탁월한 인물들의 행동을 살펴보고 그들이 전쟁에서 어떻게 행동했는지를 살펴봐야 한다. 알렉산드로스 대왕은 아킬레우스를 모방했고 카이사르는 알렉산드로스를, 스키피오는 키루스를 모방했다. 그래서 현명한 군주와 사업가는 평화로운 시기에 절대로 게을리 보내지 말고 근면하게 인문학과 체력단련을 통해서 역경을 준비해야 한다. 말마이병(秣馬利兵)이란 뜻도 말에 먹이를 먹이고 칼을 갈아서 미리 전쟁을 준비한다는 뜻이다.

항상 약속 시간에 늦는 사람이 있고 약속 시간에 조금 더 일찍 가서 행운을 잡는 사람도 많다. 행운의 여신의 모습을 기억해라. 행운의 여신은 뒷머리가 대머리이고 발에는 날개가 달려있다. 그리고 인생은 항상 타이밍이다. 행운의 여신이 나타날 때 잡으라는 이야기이다. 뒷모습을 보이는 순간 행운은 날아가는 것이다. 대머리라서 잡을 곳이 없다는 코믹한 말이지만 참으로 일리가 있다. 돈, 결혼, 승진, 출세도 행운이 올 때 잡아라. 선택해라. 움직여라.

"누군가를 지나치게 믿어 경솔해지지 말고, 과도하게 불신해서 아무도 견뎌낼 수 없는 사람이 되지 말아야 한다." - 군주론, 119page

군주가 만약 사랑을 얻지 못한다면 증오를 피하면서 사람들이 자신을 두려워하도록 만들어야 한다. 군주도 사람이다. 많은 의사결정을 해야 하고 어느 한쪽으로 치우쳐서 살아도 안 된다. 이 어려운 자리를 통해서 「군주론」은 두려워하는 대상을 선택한 것이다. 두려움의 대상이 되라는 것이다. 이것은 인간의 본성과 관련 있다. 왜냐면 인간은 대체로 감사할 줄 모르고, 이기적이고, 위선적이기 때문이다. 자기 이익에 밝은 사람이 많기 때문이다. 그래서 두려운 사람이 되어야 백성들이 말을 듣고 통치하기가 편해지는 것이다. 좋은 사람에게는 만만하게 대하고 악하고 무서운 사람에게는 두려워하는 인간의 본성이 아쉽다. 그래서 인간의 본성과 심리를 연구하는 사람이 자본주의에서 돈도 벌고 명예도 얻는 것이다. 「군주론」은 왕의 책이기보다 심리학에 가까운 책이다. 심리학을 연구하는 사람이 돈도 벌 수 있다는 논리이다. 인간의 악한 모습을 한탄하기도 하지만 인간의 악한 모습, 좋은 모습을 연구해서 자본주의에서 돈을 버는 것이 더욱 중요하다는 것을 알아야 한다.

"싸움에는 두 가지 방법이 있음을 알아야 한다. 첫째는 법으로 싸우는 것이고 둘째는 힘으로 싸우는 것이다." - 군주론, 124page

인간은 생각하는 갈대라고 했다. 이성을 갖고 생각하는 인격체이다. 그러기에 사회생활에서는 법을 만들고 서로 존중하면서 시시비비를 가린다. 그러나 여전히 어두운 곳에서는 힘으로, 폭력으로 연약한 사람을 괴롭히는 일이 일어난다. 어릴 때는 "너는 몇 살이냐?" 나이가 들면 "너 하는 일이 무엇이냐?"를 따지게 된다. 「군주론」에서는 법과 힘을 적절하게 이용하라는 것이다. 법으로도 백성을 다스리고 힘으로도 모르는 척하고 제압하라는 것이다. 당근과 채찍을 이용하라는 것이다.

2017년에 개봉한 영화 「택시운전사」는 5.18 광주학생운동을 영화로 만든 작품이다. 역사가 증명했듯이 힘으로 다스린 나라는 오래 갈 수가 없다. 폭력은 군주가 선택한 가장 어리석은 방법 중에 하나인 것이다. 택시 운전사인 '만섭(송강호)'은 밀린 월세를 갚을 수 있는 거금 10만 원을 주겠다는 독일 기자 '피터'의 말에 통금 전에만 돌아오면 된다는 생각으로 영문도 모른 채 광주로 떠난다. 택시 기사를 통해서 5.18민주화운동을 그린 것이다.

사람들은 여전히 TV에서 말하는 것을 믿는다. 보이는 것을 믿고 따라간다. 필자는 TV에서 말하는 것은 날씨만 믿는다. 그나마 날씨는 정확한 정보를 제공하는 것 같다. 나머지는 잘 모르겠다. 그래서 독재 권력은 항상 미디어를 장악하고 불필요한 방송을 제어하고 통제하는 것이다. 택시 운전사 만섭은 우여곡절 끝에 독일 기자를 무사히 모시고 서울로 돌아온다. 그리고 만섭은 자신의 연락처를 숨긴 채 사라진다. 이렇게 우리 주변에 숨은 영웅들이 있기에 대한민국이 건강할 수 있는 것이다. 앞으로도 어려운 순간에 영웅들은 반드시 나타날 것이다. 대한민국은 건강하다. 이것을 필자는 믿는다.

"군주가 얼마나 지혜로운지 평가할 수 있는 첫 번째 항목은 그가 주변에 데리고 있는 사람들을 보는 것입니다. 그들이 능력 있고 충성스럽다면 군주가 현명하다고 평가할 수 있습니다." – 군주론, 158page

삼국지에서도 유비가 의형제를 맺은 관우, 장비는 그를 지원하며 군사적 승리를 이끌었다. 세 사람은 '도원결의(桃園結義)'라 해서 복숭아밭에서 의형제를 맺었다고 한다. 그리고 형제보다 가까운 사이가 되었고 지금까지 살아온 것은 다르지만 죽는 날은 같은 날이라고 맹세를 한 것으로 유명하다. 유비 옆에는 관우, 장비가 있어서 전쟁마다 승리했고 무서울 것이 없었다. 이런 친구, 형제가 있다면 정말 나의 재산을 전부 주어도 아깝지 않은 것이다.

〈그대는 그런 사람을 가졌는가〉 – 함석헌
만릿길 나서는 길
처자를 내맡기며 맘 놓고 갈만한 사람
그 사람을 그대는 가졌는가?

온 세상의 찬성보다도
아니 하고 가만히 머리 흔들 그 한 얼굴 생각에
알뜰한 유혹을 물리치게 되는 그 사람을
그대는 가졌는가?

함석헌 선생님의 시는 읽을 때마다 가슴이 저려온다. 지금의 시대는 자신만을 소중하게 여기는 시대이다. 오직 나에게만 관심이 있는 아주 삭막한 시대이다. 누가 다쳐서 피를 흘리고 있어도 나의 일이 아니면 그냥 지나갈 수 있는 시대이다. 그러나 함석헌 선생님의 그런 사람이 옆에 있다면 정말 큰 힘을 얻고 이 힘든 세상을 한 걸음 더 나아갈 수 있다고 생각한다. 그래서 군주의 평가가 옆에 있는 참모가 누군가에 의해서 현명하다고 평가를 받는 것은 당연한 일이기도 하다. 마키아벨리는 군주의 상황과 참모들의 역할이 무엇인지 정확하게 알고 있던 사람이다.

최근에 신협 이사장님을 만났다. 이사장님 말씀으론 신협이 부산에서 가브리엘라 수녀님에 의해서 시작되었다고 했다. 1960년 5월 1일, 한국 최초의 신용협동조합인 '성가신협'이 탄생했다. 가입한 조합원은 27명, 출자금은 3,400환(약 10만 원). 가브리엘라 수녀가 1번 조합원으로 추대되었다. 당시 사채금리가 10%가 넘던 시절이었다. 신협은 1% 이자로 서민 자활을 도왔다. 이후 푼돈 저축을 통해서 빈곤의 악순환에서 벗어날 수 있다는 만간부도의 상향식 협동

조합 운동으로 발전된 것이다. 부산의 성가신협이 첫발을 내디딘 후 약 59년이 흘러 신협은 2019년 10월 기준 전국에 884개 조합 및 1,655개의 영업점, 자산 100조 원 및 이용자 1,300만 명을 보유한 민간 금융협동조합이 되었다. 깨어있는 가브리엘라 수녀의 용기로 시작한 신협이 이렇게 성장한 것처럼 한 사람의 용기와 실천은 가히 상상할 수 없는 능력으로 열매로 나타날 수 있다는 것이다.

그래서 수많은 사업가들이 역사책, 인문고전, 그리스어, 헬라어를 연구하고 지금의 시대에 적용하는 것이다. 사람들은 변해가지만 역사는 계속해서 반복되고 반복된다고 본다. 그래서 조금만 인문학을 공부해도 돈을 벌고 돈이 돈을 벌게 하는 방법은 너무나도 많은 것이다.

필자는 돈을 벌면서 나의 그릇이 깨끗한가를 물어본다. 물질이 낮은 곳으로 흘러갈 수 있도록 노력하고 있다. 그래서 이번의 세 번째 책도 700만 원 기부를 통해서 물질이 필요한 곳에 갈 수 있기를 기도하고 움직이겠다. 필자의 지인들은 2만 원짜리 책을 한 권씩 사면서 기부에 동참하게 된다. 세상은 아직도 좋은 사람, 착한 사람이 많다고 생각한다. 필자가 좋아하는 속담이 있다. '개처럼 벌어서 정승처럼 쓴다.' 이 말은 정말 천하고 힘들어도 마다하지 않고 일하고, 돈을 사용할 때는 정승처럼 신중하게 품위와 가치를 더하라는 의미이다. 그러나 개처럼 번다는 말을 정당한 방법이 아닌 남에게 피해를 주는 사기도박, 다단계, 남을 이용하는 등 나쁜 의미로 잘못 사용

되는 경우가 있어서 속상했다. 특히 금융사기는 금융 지식이 없어서 당하는 경우가 많다. 빌런들에게 당하지 않으려면 자꾸 공부하고 좋은 것은 서로 나누면서 살아가야 한다. 이 책을 읽는 많은 분들도 탁월한 방법으로 돈을 벌어 사용하고, 흘러가는 것에는 예술처럼 사용하길 간절하게 바라겠다.

마지막으로 「군주론」을 통해서 배운 것은 군중의 심리, 사람이 얼마나 이기적이고 자기만 위하는 본성을 가졌는가이다. 심리학을 공부할 때 자본주의에서 돈도 벌 수 있다는 것을 확인했다. 인간의 본성은 이기적이고 자기만을 생각한다. 이것이 나쁘다고 말할 수 있지만 독재자들은 이것을 통해서 어마어마한 돈과 권력을 얻는다. 비판만 할 것인가 이것을 활용해서 돈을 벌 것인가는 독자가 판단해야 한다. 필자는 돈을 벌 것이다. 인간의 본성을 연구할 때 내가 잘하는 보험도 금융업도 더욱 남을 위해서 사용 받을 수 있다.

그래서 내일이 기대된다. 사랑합니다. 축복합니다.

> 행복은 향수와 같아서 자신에게 몇 방울 떨어뜨리지 않으면
> 다른 사람들에게 그 향기를 퍼뜨릴 수 없다.
> - 랠프 왈도 에머슨 -

성공의 시간

발행일 | 2025년 4월 5일
지은이 | 김경철
펴낸곳 | 한글문화사
         대전광역시 동구 태전로 52, 은호빌딩 1층
         042-638-2227

ISBN 979-11-987525-8-1(03320)